김정인의
풍수기행

©김정인 2023

김정인의 풍수기행

초판 1쇄 인쇄 2023년 4월 5일
초판 1쇄 발행 2023년 4월 7일

지은이 김정인
펴낸이 정선모
디자인 가보경 이소윤

펴낸곳 도서출판 SUN
등 록 제25100-2016-000022호. 2016년 3월 15일
주 소 서울시 노원구 덕릉로 94길 21. 205-102
전 화 010. 5213. 0476
이메일 44jsm@hanmail.net

ISBN 979-11-88270-57-6(03180)
값 18,000원

Printed in KOREA
· 이 책은 저작권법에 따라 보호받는 저작물이므로 무단전제와 무단복제를 금지하며, 이 책의 전부
  또는 일부 내용을 사용하려면 사전에 저작권자와 도서출판 SUN의 서면 동의를 받아야 합니다.

김정인의
풍수기행

SUN

책을 내며

풍수로 본 세상

 나의 일생은 크게 3부로 나눌 수 있다. 1부는 준비기로 태어나 자라면서 공부하고 군대에 다녀오니 25년이 지났다. 제2부는 활동기로 25년 준비하고 기업에 입사하여 30년간 일했다. 아침부터 밤늦게까지 회사 경쟁력을 올릴 수 있는 방법만 생각하며 일에 몰두했다. 30대에 미국 실리콘밸리로 주재를 나갔다. 샌프란시스코에서 자동차로 1시간 정도 거리에 있는 그곳에서 새로운 기술이 계속 나오고 있었다. 실리콘밸리는 산으로 둘러싸인, 샌프란시스코만이 깊숙이 들어오는 장풍(藏風)이 좋은 도시. 1년 내내 비가 거의 오지 않는 사막성 도시라 기후가 정말 좋다. 수백 마일 밖에서 물을 끌어와 농사를 짓고, 새로운 기술도 만들어 내는 부자 도시이다. 100여 년 전만 해도 보잘 것없는 도시였는데, 스탠퍼드대학교(1891)와 UC버클리대학교(1868)가 설립되면서 인재가 배출되어 세계적인 IT기업이 탄생했다. 잘나가는 기업과 부자들이 사는 동네를 가보니 그 입지가 아주 좋았다. 입지의 공통점이 무엇인지 늘 궁금했다. 주재를 마치고 한국에 들어와 보니 그 열쇠가 풍수지리였다. 그래서 풍수지리를 틈틈이 공부했다.
 한국의 제조 인건비가 많이 올라 해외로 공장 후보지를 찾아 동남아, 유럽, 미주 등 세계 각국의 인프라를 조사하러 다녔다. 잘나가는 기업이 보이면 문을 두드리고 가 보았다. 30년 회사 생활 중 마지막 5년은 삼성의 판매회사에 근무했다. 전국에 240여 개의 직영 매장이 있었는데 어떤 매장은 장사가 잘되고, 어떤 매장은 장사가 안되었다. 잘되는 매장과 안되는 매장 5개씩을 뽑아 입지적 공통점을 찾아보니 확실한 차이가 있었다. 변별성을 확인하고, 매장을 내는 데 풍수를 적용했다. 잘되는 매장은 확장하고, 안되는 매장은 철수하여 새로운 입지를 찾았다. 매장의 배치에도 풍수를 반영했더니 매출이 대폭 항상되었다. '풍수 마케팅'이라는 용어도 생겨났고, 언론에서도 관심을 가졌다. 기업에서 30년간 일하고 퇴직했다.

　인생 3부의 시작이다. 의술과 생활 환경이 좋아져 남은 인생이 30년은 될 것 같았다. 재미나게 보내기 위해 5년을 준비하고, 20년은 사회봉사와 재능 기부를 하고, 나머지 5년은 인생을 정리하겠다고 새롭게 설계했다.

　30년을 즐기며 보낼 것을 찾았다. 경영학과에 풍수지리 전공 석사과정이 있었다. 재야에서 공부하던 풍수지리를 대학원에서 경영학의 입지론으로 공부했다. 기업의 입지론과 양택풍수론으로 석사과정과 박사과정을 마쳤다. 대학원에서 풍수지리학을, 대학에서 경영학을 강의했다. 경영학은 평생을 몸담았던 학문이고, 풍수지리는 내가 좋아 공부한 것인데 정말로 재미있었다. 공부하느라 밤도 새우고, 유명하다는 풍수 전문가가 있으면 문을 두드렸다. 국내의 여러 곳을 매주 풍수답사했고, 해외에 가면 왕궁, 대학교, 부자마을, 공원묘지, 위인들의 생가와 무덤 등 유적지는 우선적으로 들렀다. 유럽 대부분의 유적지와 도시는 아주 좋은 풍수답사지였다.

풍수를 공부하고 유람하다 보니 삼성의 문화탐방을 담당해 달라는 제안을 받았다. 13년간 진행했는데 반응이 좋았다. 또한 삼성그룹 퇴임 임원 모임인 성우회에서 발행하는 《성우회보》에서 풍수기행 원고 청탁이 있어 글을 쓰기 시작했는데, 어느새 7년 차를 맞고 있다. 마침 칠순도 맞이하고, 신문에 연재한 풍수칼럼도 있어 그동안 써온 원고를 모아 책으로 펴낸다.

통합청주시가 출범하면서 대한민국풍수지리연합회 풍수 세미나가 청주에서 개최된 적이 있었는데, 도시가 성공하려면 도시계획에 풍수지리를 반영해야 한다고 주장했더니 신문의 1면 기사로 대서특필되었다. 그로 인해 청주시 도시계획위원으로 4년간 활동했고, 충청매일에 〈김정인 교수의 풍수칼럼〉도 연재하게 되었다. 4주마다 한 편씩 7년째 쓰고 있는데 그중 일부를 골라 이번 책에 넣었다.

  일반 독자의 이해를 돕기 위해 쉽게 풀어서 재미있게 써야 하는데, 아쉽게도 썼던 글을 묶는 데 그쳤다. 주제별로 정리하고 현장의 사례를 가미하는 것은 다음의 과제로 남겨둔다.

2023년 3월
서초동 올미월드에서
올미(兀山) 김정인

축하의 글

풍수는 오랫동안 이어져 온 경험 학문

윤종용(전 삼성전자 부회장)

김정인 교수의 풍수기행 책 발간을 축하합니다.

풍수지리는 사람이 이 땅에 살아오면서 더욱 안전하고 편안한 곳을 찾아 터를 잡아 온 경험 학문입니다. 오랜 기간을 통해 축적된 풍수 고전이 있고, 수많은 현장 사례가 있습니다.

김 교수는 회사 생활 중에도 입지에 관심을 두더니 회사를 마친 후 대학원을 진학하여 풍수지리를 학문적으로 연구하여 박사 학위를 받았습니다. 국내외 현장을 방문하여 풍수지리적 측면에서 보고 조명한 바를 계속 글로 써 왔는데 이번에 책을 낸다고 하니 기쁜 소식입니다. 해외와 전국 방방곡곡을 다니면서 풍수 기본 원리를 적용해 보고, 공통인자를 글로 써서 책으로 묶어 발간하니 일반인도 쉽게 풍수를 접하게 될 것입니다.

회사를 경영할 때 어떤 곳에 공장을 세우고 사무실을 두는가는 매우 중요하게 생각했습니다. 잘되는 기업, 부자들이 사는 동네, 사람들이 모이는 시장 등 그룹별로 살펴보면 공통점이 있다고 생각합니다. 핵심인자를 6시그마적 관점에서 찾아 정리하고, 풍수 이론과 사례와 대비해 봄은 아주 재미있는 취미활동 중 하나라고 생각합니다.

책의 내용을 보니 삼성의 이야기도 있고, 최고의 지사들이 잡은 왕궁과 왕릉, 부자들이 사는 동네, 현장을 여행하며 쓴 풍수기행 등이 눈길을 끕니다. 앞으로도 계속 2집, 3집으로 이어지기를 기대합니다.

목차

책을 내며 풍수로 본 세상 4
축하의 글 풍수는 오랫동안
　　　　　이어져 온 경험 학문 8
　　　　　윤종용(전 삼성전자 부회장)

제1부 최고의 명당을 찾아서

1. 풍수지리로 본 도읍지
1) 신라 천년왕도, 경주 17
2) 700년 도읍지, 백제 3성 24
3) 고려의 수도, 강화도 32
4) 600년 도읍지, 조선 한양 39
5) 조선의 5대 왕궁 45
6) 부국강병의 땅, 용산 56

2. 명당에 자리한 조선의 왕릉
1) 조선 왕릉 풍수지리(1) 63
   건원릉, 태종릉, 영릉, 광릉, 선릉
2) 조선 왕릉 풍수지리(2) 69
   동구릉, 서오릉, 융릉, 홍릉, 유릉, 동작릉
3) 국립서울현충원의 풍수지리 76

3. 배산임수의 최적지, 부자 동네
1) 서울의 부자 동네, 강남 85
2) 50여 개 하천이 모여드는 부자 마을, 분당 94
3) 서울의 보배섬, 여의도 103
4) 홍콩과 한국의 풍수 이야기 108

4. 풍수지리로 본 삼성
1) 의령 호암 이병철 회장 생가 116
2) 인재 개발의 산실, 삼성인력개발원 124

제2부 전국의 명당을 찾아서

1. 서울·수도권
   1) 아차산의 전설과 평강공주 바위 135
   2) 정조가 세운 계획도시, 수원 139
   3) 세계문화유산에 등재된 남한산성 142
   4) 생거진천 사후용인, 용인의 풍수명당 146

2. 충청권
   1) 가야산 공원의 2대 천자지지, 남연군 묘 154
   2) 서산에서 태안까지, 부처의 미소 161
   3) 삼산이수(三山二水)의 땅, 청주 167
   4) 나라의 중심, 충주 174
   5) 신선들이 사는 고을, 단양 177
   6) 인물의 고장, 홍성 185
   7) 아산 외암마을 188

3. 강원·경상권
   1) 태백이 품은 두 강의 발원지, 검룡소와 황지 192
   2) 퇴계 유적지, 안동 용두산의 용맥 197
   3) 인걸지령(人傑地靈)의 지리산 마을, 산청 204
   4) 영남의 4대 길지, 경주 양동마을 213
   5) 수많은 인재를 배출한 명당, 안동 하회마을 218

4. 전라·제주권 외
   1) 햇볕이 좋은 도시, 광양 222
   2) 하늘이 기다린 명당터, 보길도 226
   3) 섬마을 제주도와 성읍민속마을 231
   4) 한반도의 태조산, 백두산 237

제3부 풍수지리 활용법을 찾아서

1. 풍수지리를 활용한 사례들
　　1) 풍수지리 활용, 풍수 마케팅 247
　　2) 건물의 가상(家相)과 풍수 인테리어 256
　　3) 인재 배출의 요람, 대학교 풍수 264

2. 풍수 단상
　　1) 귀농·귀촌 집터 정하기 273
　　2) 출입구가 많은 것이 좋을까, 적은 것이 좋을까 276
　　3) 고일촌위산 저일촌위수(高一寸爲山 低一寸爲水)의 풍수지리 278
　　4) 담장과 바람 280
　　5) 화장과 장법 282
　　6) 동네의 선택과 풍수적 입지 284
　　7) 물이 모여드는 저지대의 풍수지리 286

제1부

최고의 명당을 찾아서

1. 풍수지리로 본 도읍지
2. 명당에 자리한 조선의 왕릉
3. 배산임수의 최적지, 부자 동네
4. 풍수지리로 본 삼성

1. 풍수지리로 본 도읍지

1) 신라 천년왕도, 경주

경주는 천년 왕조를 이어온 신라의 수도이다. 천년을 이어온 왕조는 세계적으로 몇 나라 되지 않는다. 경주는 수학여행의 장소였고, 문화탐방, 풍수답사, 역사탐방 등으로 여러 번 다녀온 곳이다. 신라가 천년을 이어온 비결이 어디에 있는지 경주를 중심으로 풍수적 관점에서 살펴본다.

천년 왕도, 경주의 풍수지리

광명의 땅 서라벌은 신라가 탄생한 곳이었다. 고조선 유민들이 남하하여 정착한 곳이 경주 지역으로, 6부촌을 이루고 살았다. 알에서 태어난 박혁거세를 임금으로 옹립하면서 기원전 57년 신라가 탄생했다. 경주의 옛 지명은 서라벌이다. 서라벌은 새벌이라고도 하는데, '동이 터서 태양이 가장 먼저 비춰주는 광명의 땅'이라는 뜻이다.

22대 지증왕 때에 국호를 신라라고 했다. 23대 법흥왕 때에는 불교를 공인해 찬란한 불교문화의 막을 올렸다. 29대 무열왕이 통일의 기반을 조성하고, 30대 문무왕이 668년 삼국을 통일했다. 통일신라는 267년간 지속하여 992년을 이어갔으나, 경순왕 9년 935년에 고려에 항복하여 역사의 막을 내렸다.

경주의 산세는 남쪽에서 북쪽으로 흘러 동쪽으로 빠져나가는 형산강(兄山江)에 의해 양분된다. 경주의 주산은 토함산이다. 토함산에서 빠져나온 가지가 서쪽으로 몸을 틀어 명활산(明活山)을 만들고, 낭산(浪山)에 이르러 진산이 된다. 진산에 이르러 평지의 논밭을 지나 반월성(半月城)을 이룬다. 따라서 반월성은 경주의 중심혈이다.

박·석·김 왕족의 탄생

기원전 69년 남산 아래 나정이라는 우물 근처에 상서로운 기운이 땅에 드리워져 있고, 백마 한 마리가 무릎을 꿇고 경배하듯 하고 있었다. 나정이 위치한 곳에 빛이 나는 붉은 색의 커다란 알이 하나 있었다. 알에서 자태가 단정한 사내아이가 태어났다. 성을 '박'이라 하고 '세상을 밝게 한다'는 뜻에서 이름을 '혁거세'라 했다. 그가 13세가 되던 기원전 57년에 이, 최, 손, 정, 배, 설 씨 여섯 촌장이 알천 언덕에 모여 알에서 탄생한 박혁거세를 신라의 초대 임금으로 뽑아 '거서간'

경주의 고분 ▶

경주 반월성 ▼

1부 최고의 명당을 찾아서

이라 하고, 나라의 이름을 '서라벌'이라고 했다. 신라의 탄생이었다.

 2대 남해왕 때는 왜국에서 동북으로 천여 리 떨어진 용성국 왕비가 잉태한 지 7년 만에 큰 알을 하나 낳았다. 상서롭지 못한 일이라 하여 왕이 궤 속에 알과 칠보를 넣어 바다에 띄워 보내고, 인연이 있는 땅에 도착하여 나라를 세우라고 기원했다. 이에 붉은 용이 나타나 호위했다. 궤가 신라 땅에 닿았을 때 아진의선이라는 노파가 발견하여 길렀다. 이름을 '석탈해'라 했다.

 아이가 성장하여 토함산에 올라가 지세를 살펴보니 반달 모양의 낮은 봉우리가 괜찮아 그곳을 차지했다. 차차웅 남해왕이 석탈해가 지략가임을 알고 사위로 삼았다. 결국 석탈해는 반월성의 명당을 차지하여 신라 3대 유리왕에 이어 신라 4대 이사금왕이 되었다. 석탈해가 탄강한 아진 포구에는 월성원자력발전소가 들어섰고, 그 앞에 석탈해 탄강 유허비가 세워져 있다.

 계림은 첨성대와 월성 사이에 자리 잡고 있는 경주 김씨 시조 김알지가 태어난 곳이다. 신라 4대 탈해왕 때 숲에서 닭이 우는 소리를 들었다. 가까이 가서 보니 나뭇가지에 금궤가 빛을 내며 걸려 있었다. 뚜껑을 열자 궤 속에서 사내아이가 나왔다 하여 성을 '김(금궤)', 이름을 '알지(아기)'라 하고, 숲을 계림(鷄林)이라 했다. 김알지의 6대손 미추가 신라의 13대 이사금 왕이 되었고, 어머니는 박씨요, 왕후는 석씨로 박씨, 석씨, 김씨 중 가장 지혜로운 자가 왕이 되는 전통을 확립했다. 신라는 박혁거세를 시작으로 4대 석탈해와 13대의 경주 김씨 미추왕이 신라의 왕위를 번갈아 맡아 박씨 왕이 10 왕, 석씨 왕이 8 왕, 김씨 왕이 38 왕 등 56 왕이 992년간 통치했다.

반달형 명당, 월성 왕궁터

신라는 고구려, 백제, 신라 3국을 통일하여 통일신라시대를 열었다. 신라는 삼국통일 후 300년을 넘지 못하고 막을 내렸다. 신라의 왕궁이 있던 곳은 금성이었다. 5대 피사왕 22년(104년)에 반달 모양의 월성으로 왕궁을 옮겼다. 월성은 백두대간 태백산에서 분기한 낙동정맥이 남쪽까지 내려갔다 다시 북서진하면서 산으로 겹겹이 둘러싸인 경주의 대분지에 반달 모양으로 솟아오른 낮은 언덕이다. 남쪽으로는 남천이 흐르면서 자연 성벽을 이루고, 북쪽으로 해자를 파고 언덕을 쌓아 천혜의 요새를 이룬다.

월성에 자리 잡은 신라는 삼국을 통일하고 통일왕국의 태평성대를 누리며 문화부흥을 가져왔다. 월성은 형태가 반달 모양이라 반월성이라고 불렀다. 반월성의 터는 보름달이 되어가듯 때가 되면 전성기를 이루지만, 다시 그믐달로 넘어가기 때문에 영광이 오래도록 유지되지는 않았다.

통일 후 신라가 월성에 머무르지 않고 통일 영토의 중앙인 충주나 한성으로 수도를 옮겨 통일신라의 국력을 키웠으면 영토도 넓히고 나라도 오래도록 보존하지 않았을까. 달도 차면 기우나니 때가 되면 새로운 터로 확장이 필요했다. 풍수에서는 자연 현상에서 해답을 찾는다. 시루형 지형에서는 부(富)를 이루면 고향을 떠나야 부를 계속 유지할 수 있다. 때가 차면 변화를 줘야 한다. 음이 극에 달하면 양이 시생(始生)하고, 양이 극에 달하면 다시 음이 시생(始生)한다. 계절의 순환, 음양의 순환이 자연의 이치인데, 누가 자연의 순환을 거역할 수 있겠는가.

경주에는 천년의 역사 중 1,500여 기의 고분들이 오늘날까지 남아 있다. 신라 56 왕 중 37 왕의 능묘가 확인되었거나 추정되고 있고, 17대 왕의 능은 아직 찾지 못했다. 고분 중 상당수가 왕릉일 수가 있다. 대릉원에는 미추왕릉이 있고, 오릉에서 초대왕 박혁거세를 비롯한 다섯 왕의 무덤이 있다.

천년고도의 유적들

삼국통일의 기반을 구축한 무열왕릉은 선도산 아래 능선에 자리 잡고 있다. 이곳에도 왕들의 능 4기와 김유신 장군의 묘가 있다. 신라의 왕릉과 귀족들의 고분을 찾아보면 풍수적 명당에 자리 잡고 있다. 신

◀ 경주 첨성대
▼ 경주 월정교

라시대 당시에도 터 잡기 방법, 풍수지리 원리가 적용되었음을 알 수 있다.

동궁과 월지는 월성 왕궁의 별장터로 사신 접대의 장소요, 궁중의 연회를 베풀던 곳이다. 월정교는 남천을 건너 왕궁으로 가는, 왕이 다니는 다리로 지붕까지 있었다. 월정교 아래 돌다리는 원효가 다리를 건너다가 물에 빠져 요석궁에 3일 밤을 머무르게 했던 곳이며, 그 후 요석궁에서 요석공주가 설총을 낳았다. 요석궁 바로 옆 최부잣집은 9대 진사, 12대 만석꾼이 된 명당이다.

반월성 서북쪽 300m 떨어진 곳에는 27대 선덕여왕이 천문대를 세웠다. 원형을 유지하는 것 중 가장 오래된 천문대이다. 남쪽으로 정사각형 문이 있으며, 위쪽의 각 면은 동서남북을 가리킨다. 춘분과 추분 때 태양광이 창문을 통해 첨성대 밑바닥을 완전히 비추고, 하지와 동지 때는 사라지게 했다.

통일신라시대 불교문화가 꽃피울 때 창건한 불국사는 다보탑과 석가탑으로 유명하며, 계절마다 가야 할 만큼 경치도 뛰어나다. 풍수적 입지도 좋아 비가 오고 바람이 불어도 안온하고 고요하다. 석굴암은 동해가 바라보이는 토함산에 있는데, 동짓날에는 석굴암 불상 정중앙에 햇빛이 비친다고 한다.

남산 아래 삼불사 삼존석불입상은 남산의 여러 문화재 중 가장 뛰어나다는 평가를 받고 있다. 불국(佛國)의 나라 신라는 부처의 도움으로 나라를 지키고자 남산에 수많은 불상을 세웠다. 일제강점기 때 많은 불상이 목이 잘려나가는 등 훼손되었지만, 경주 남산은 우리나라 최고의 보물창고요, 야외 박물관이다. 경주 천년 유적은 며칠을 두고 보아도 끝이 없으며, 보면 볼수록 그 매력에 빠져든다.

2) 700년 도읍지, 백제 3성

신라(BC 57년), 고구려(BC 37년), 백제(BC 18년) 3국 중 백제는 가장 늦게 개국했지만, 넓은 한강 유역을 차지하여 가장 먼저 성장하고 문예 부흥을 이루었다. 백제 700년간 서울 위례성, 공주 웅진성, 부여 사비성 등 3성에 도읍지가 있었다. 백제의 왕궁이 있었던 위례·웅진·사비 3성을 직접 돌아보면서 관찰하면 수도 입지의 중요성을 알게 된다.

한성 백제 500년, 서울의 위례성

2,000년 전 산업의 중심은 농업이었다. 농사짓기에 가장 좋은 땅은 물이 있고, 넓은 땅이었다. 백제가 차지한 한강 유역은 물이 풍부하고 넓은 평야 지대로 농업을 크게 장려하고 농업기술을 발전시켰다.

백제의 왕궁이 있던 곳은 한강변 풍납토성이며, 별궁이 있던 곳이 서울올림픽공원 몽촌토성이었다. 백제는 왕궁이 한강 유역에 위치하여 바다로 진출할 수 있었고, 조선 기술과 항해술이 발달하여 베트남, 인도네시아, 인도까지 활발한 해상무역을 전개했으며, 문물 교

▲ 한성 백제의 별궁, 몽촌토성이 자리한 올림픽공원

류를 통해 백제의 부(富)를 축적할 수 있었다.

서울 풍납토성은 1925년 대홍수로 인해 유물이 드러나면서 백제의 흔적이 나타났다. 1980년대 이곳에 아파트를 지으면서 땅속에서 유물이 나와 1997년부터 본격적으로 조사·발굴되었다. 토성은 백제 시조 온조가 기원전 18년에 한강 유역에서 정착해 처음 도읍한 하남 위례성으로 인정되었다. 성은 진흙과 모래흙을 교대로 쌓아 올렸다. 왕궁이 있었던 곳은 풍납토성 안에 있는 경당 역사공원이다. 경당빌라가 있던 곳에 아파트를 지으려고 했는데 유물이 출토되어 역사공원으로 지정되었다.

한성 백제의 별궁 몽촌토성은 남한산의 지맥이 내려와 얕은 구릉을 이루며 성내천과 한강의 안쪽에 위치한다. 1970년대 한강 정비 때 잠실도를 육지화하는 데에 몽촌토성의 흙을 쓰자는 제안이 나왔을 정도로 방치되어 있었다. 다행히 고고학자들이 예전 백제 하남 위례성 터일지도 모른다고 하여 개발하지 않고 보존했다. 땅 밑에 무언가가 있어 개발도

▲ 한성 백제의 왕릉, 석촌 고분

하지 못할 땅이니 다른 용도로 쓰지 못하게 하자는 생각이었다. 1984년 그곳에 올림픽공원을 착공했다. 공사 도중 토성 터와 유물들이 발

굴되면서 1983년부터 1987년까지 학자들의 발굴 조사를 통해 처음 세상에 알려지게 되었다.

  올림픽공원 안에 토성 터와 유물들을 보존하기로 함에 따라 1986년 유적을 공원 안에 두고 개장하게 되었다. 이미 들어선 아파트 단지 때문에 제대로 발굴하지도 못하고, 보존하지도 못 하는 풍납토성을 생각하면 그야말로 고고학자들의 판단이 현명했다. 덕분에 오늘날 서울의 공원 중 가장 많은 사람이 찾는 역사 휴식공원이 되었다. 이곳에서 개최된 86년 아시아올림픽과 88년 서울올림픽은 대성공을 이루었다.

  석촌동에 있는 백제 고분은 1980년대 중반까지는 무덤 위에 민가가 있었고, 땅속에 조그마한 구멍이 나서 조사한 결과 백제시대 무덤군으로 확인되어 최근(2015년)에 복원된 유적지다. 특히 3호 고분은 백제의 중흥기 왕인 근초고왕(346~375)의 무덤으로 추정하고 있다.

▼ 풍납토성

웅진 63년, 공주 웅진성(공산성)

　백제의 두 번째 수도인 공주의 웅진성은 고구려와의 전투에서 개로왕이 죽자 22대 문주왕이 한성 백제에서 남하하여 자리 잡은 곳이다. 웅진성은 북쪽으로 금강 절벽이 있고 남쪽으로는 높은 성벽이 있어 방어에 유리한 곳이었다. 당시는 나라의 방위가 가장 중요하여 군사적 요새지인 금강변 높은 언덕에 왕궁을 설치했다.

　백제 웅진성은 조선시대 관영이 설치되어 공산성으로 이름이 바뀌었다. 지금은 웅진성이라기보다 공산성이라고 부른다. 성의 입구에 있

백제 25대 왕 무령왕릉 ▶
공주 웅진성 입구 금서루 ▼

는 금서루는 조선시대 성문이다. 백제시대 63년간 왕성이 있었던 곳, 47기의 비석군은 일제강점기 때 버려졌던 것을 한곳에 모았다.

웅진성 옆 송산리에 백제 고분이 있었다. 1971년 7월 장마철 피해를 방지하기 위해 고분군 배수로 공사를 하다가 우연히 무령왕릉이 발견되어 세상에 공개되었다. 무령왕릉은 도굴되지 않고 1,500년 전의 모습을 그대로 간직하며, 완전한 상태로 발굴되었다. 무령왕릉은 수준 높은 공예기술, 벽돌과 벽화가 그대로 드러났다. 당시에도 6호 고분에는 전주작, 후현무, 좌청룡, 우백호의 사신도 벽화가 무덤 속에 그려져 있었다.

사비 123년, 부여 사비성

부여의 사비성은 무령왕에 이어 왕위에 오른 26대 성왕이 백제를 다시 부흥시키기 위해 좁은 웅진성에서 벗어나 넓은 곳으로 천도한 곳이었다. 웅진성은 방어에 유리했으나 좁았다. 넓은 벌판에 나가야 백제가 발전할 수 있다고 보았다. 적들이 쳐들어오면 채비할 시간이 필요했고, 바다에서 좀 떨어져야 방어에 유리했다.

사비라는 단어는 '넓은 들판'이라는 서라벌에서 왔다. 사비성은 북쪽에 부소산, 남쪽에 궁남지가 있고, 강이 서쪽을 휘감아 남쪽으로 돈다. 북쪽으로 백여 리 가면 웅진성, 서쪽으로 가면 바다와 금강이 해자 역할을 한다. 북쪽에서 남쪽으로 감는 백마강, 동쪽에 산과 벌판을 이어서 금강까지 성을 쌓았다. 금강은 서강(西江) 또는 백강(白江)이라 했고, 백제에서 가장 큰 강이라는 의미에서 백마강이라 불렀다. 역사적으로 말(馬)을 '크다'는 뜻으로 써 온 것을 감안할 때 백마강은 곧 백제에서 가장 큰 강이기에 붙여진 이름으로 추정된다.

사비는 백마강을 통해 서해로 통하고, 나라의 중심부에 온갖 물산이 모이는 풍요로운 곳으로 농사지을 땅이 넓다. 바다를 통해 다른 나라와 교류하기에도 좋았다. 부여 왕릉원은 부여 동쪽 나성 밖에 위치한 사비시대 백제의 왕과 왕족들이 묻힌 곳으로, 능산리 고분군으로 불리다 최근에 부여 왕릉원으로 명칭을 변경했다.

30대 무왕(재위 600~641년)은 익산에 왕궁을 짓고 이궁(離宮)으로 사용했다. 익산 왕궁지는 1976년부터 30년에 걸쳐 조사한 결과, 궁궐의 형태가 그대로 남아 있어 백제 후기 제2의 수도로 그 면모가 드러났다.

삼국시대 백제 왕도와 밀접하게 연관된 백제역사유적지구는 모두 8곳(공주 2곳, 부여 4곳, 익산 2곳)으로 2015년 7월에 유네스코 세계유산

부여 왕릉원의 절터 ▶
(예전 모습을 가상으로 복원)
부여 사비성의 부소산성 ▼

으로 등재되었다. 등재된 세계유산 8곳을 살펴보면 웅진 시기 유적으로 웅진성, 백제왕릉원, 사비 시기 유적으로 부소산성, 정림사지, 부여 왕릉원, 나성, 사비 후기 유적으로 익산 왕궁리 유적, 미륵사지 등이다.

삼국 중 가장 부유하고 잘 나갔으나 백제를 견제하려는 당나라와 신라의 요구가 맞아 나당동맹으로 백제가 멸망했다. 의자왕은 20년 즉위 기간 중 처음 15년은 잘했지만, 마지막에 충신을 멀리하고 측근에 의지하는 등 정사를 잘하지 못했다. 잘한 것은 묻히고, 잘못한 것이 크게 부각되었다. 잘될 때가 위험한 시간이니 그때 정신 차려야 한다는 걸 역사를 통해 일깨워준다.

위례·웅진·사비 3성의 풍수지리적 공통점

백제 700년 동안 수도 위례, 웅진, 사비 3성을 동시에 돌아보니 공통점이 눈에 들어왔다.

첫 번째로는 배수의 진을 친 형국이었다. 서울의 위례성은 한강이 뒤에서 감싸주는 평야 지대였다. 공주의 웅진성은 금강이 뒤에 있고 높은 언덕에 있어 철옹성 같은 군사적 요새지였다. 부여의 사비성은 3면이 백마강으로 둘러싸고 있어 배수의 진을 치고 있는 형국이다.

두 번째로는 바다와 연결된 수로 교통의 중심지였다. 위례는 한강을 통하여 서해로 나갔고, 웅진과 사비는 금강을 통하여 서해로 나갔다. 당시의 백제는 항해술이 발달하여 중국, 일본, 인도에 이르기까지 해상무역을 하는 국가였다.

세 번째로 백제 수도가 위치한 위례, 웅진, 사비성 일대는 강변 유역으로 평야 지대이며, 넓은 땅이었다. 백제가 차지했던 한강 유역은 태조 이성계가 조선을 건국하면서 개성에서 한성으로 수도를 옮겨 조선시대를 열었다.

한성은 오늘날까지 1천 년 동안 수도의 기능을 이어왔다. 조선시대 위례성이 있는 곳은 '넓을 광(廣)' 자를 써서 광주(廣州)라 했다. 한강 남부 일대인 하남, 강동, 송파, 강남, 서초, 동작, 영등포의 한강 유역이 모두 넓은 땅, 광주였다. 땅은 시대가 지나도 기운을 갖고 있으며, 때가 되면 다시 지기가 발동한다. 오늘날 서울의 25개 구청 중 서초, 강남, 송파는 가장 잘사는 부자 땅이 되었다.

한강의 기적이라 불리는 88년 서울올림픽은 백제의 별궁이 있던 몽촌토성 등 한강 유역에서 개최되었고, 우리나라를 세계 10대 경제대국으로 성장하는 발판이 되었다. 또한 공주, 부여의 백제 수도가 있던 금강 유역은 세종신도시가 들어서서 제2의 수도 역할을 하고 있다.

3) 고려의 수도, 강화도

강화도는 사면이 바다와 섬, 육지로 둘러싸인 섬으로 선사시대부터 사람들이 살았고, 예성강, 임진강, 한강 아래의 아름다운 섬이라 하여 '강화도(江華島)'라고 불렀다. 고려시대에는 몽골이 침입하여 강화도로 수도를 옮겨 39년간 몽골에 항쟁했고, 조선시대에는 유사시에 대비한 행궁이 있었다.

우리나라서 네 번째로 큰 섬, 강화도

강화도는 우리나라 섬 중 제주도, 거제도, 진도에 이어 네 번째로 큰 섬이다. 강화도에는 이미 1만~1만 5천 년 전인 선사시대부터 사람들이 정착하여 살았다. 선사시대 고인돌은 세계문화유산으로 등재되었다. 5천 년 전 단군왕검이 하늘문을 연 곳이 강화도이다. 마니산 정상에는 단군이 하늘에 제사를 지내던 참성단이 있어 개천절에는 지금도 매년 제사를 올리고 있다.

《삼국사기》에 의하면 고구려시대에는 강화도를 갑비고차 또는 혈구군이라 했다. 통일신라시대에 해구군이라 개칭했고, 고려 태조(940)에 이르러 강화현으로 개칭되었다. 고려 고종 때(1232) 강화군으로 승격되었고, 1995년에 경기도에서 인천광역시로 통합되었다.

한반도 중심에 위치한 강화는 구석기시대부터 한민족이 살기 좋은 땅인 한강, 임진강, 예성강의 하구, 즉 강과 바다가 만나는 곳에 있다. 바닷물이 빠지는 썰물 때를 틈타 육지와 교류하고, 강과 바다를 건널 수 있는 뗏목 등이 이동 수단으로 개발되었다. 맹수의 위험에서 벗어날 수 있고, 각종 해산물을 풍부하게 채취할 수 있는 자연환경 덕분에 오래전부터 강화도에 정주 생활이 시작된 것으로 본다.

  강화도가 한반도에서 주목받기 시작한 것은 고려시대인 1231년, 고려 고종 18년 몽골 제국의 제1차 침입 때부터다. 칭기즈칸이 건국한 몽골 제국이 전 세계를 정복하던 시기였다. 몽골의 침입이 잦자 고려는 수도를 개경에서 강화도로 옮겼다. 강화도는 조수 간만의 차가 크고, 갯벌이 있어 기마병이 주력인 몽골군이 쉽게 접근하기에 어렵다고 보았다.

한남정맥이 바다를 건너와 솟은 곳

  강화도는 김포반도에서 이어진 내륙이 오랜 세월 침강하면서 섬이 되었다. 강화도는 한남정맥이 위로 솟아 기운이 매우 왕성하다. 강화도는 작은 섬이지만, 문수산(376m)에서 뭉친 기운이 바다를 건너 40여 개의 산으로 솟았다. 마니산(489m)이 가장 높고, 혈구산(466m), 진강산(443m), 고려산(436m) 등 크고 작은 산들이 즐비하다.

  마니산은 우리나라의 산 중 기(氣)가 가장 센 곳으로 알려져 있어 기

▼ 단군 왕검이 하늘문을 열고 하늘에 제사를 지내던 참성단 아래 마니산 원형 광장

▲ 천년고찰 강화 전등사

를 연구하는 사람들이 많이 찾아온다. 마니산 참성단에서 전국체전 성화를 채화하기도 한다. 강화도에는 천년이 넘는 고찰이 전등사(381년), 백련사(416년), 적석사(416년), 보문사(635년), 정수사(639년) 등 5개나 된다. 천년이 넘는 사찰이 많다는 것은 강화도가 좋은 명당이라는 것이다.

또한 한강, 임진강, 예성강 등 세 강으로부터 흘러든 퇴적물이 강화도에 쌓여 땅이 비옥하고 물산이 풍부하여 자급자족이 가능했다.

"한 해 농사를 지으면 10년은 먹고 살 수 있다"라는 옛말이 전해질 정도로 농사가 잘되는 곳이다. 고려 왕조가 강화도로 천도하면서 이미 간척사업이 시작되었다. 강화도는 시대별로 지도가 달라질 정도로 농

▲ 강화 산성문, 강화도의 성곽과 문은 조선시대에 다시 정비되었다.

토가 늘어났다. 강화도는 고구마 모양인데, 고구마는 강화도의 특산물이며 인삼, 순무, 쌀 등의 특산품도 유명하다.

 강화도는 사면이 바다와 섬, 육지로 둘러싸여 생기(生氣)가 응집된다. 북쪽으로 개성이고, 동쪽으로 김포, 서쪽으로 교동과 석모도, 남쪽으로 영종도 등 크고 작은 섬들이 겹겹이 감싸준다. 조수 간만의 차가 커서 풍수적으로 보면 음양교구지이다. 강화도는 10m에 이르는 간만의 차에 의하여 개펄이 형성된다. 개펄은 육지가 되기도 하고, 바다가 되기도 한다. 따라서 개펄은 음과 양의 기운이 서로 결합하는 이른바 음양이 총화(總和)하는 공간으로 생기(生氣)가 충만하다. 바닷물이 들어오고 나가는 현상은 음과 양이 결합하는 과정으로 분석되며, 인체로 말하면 생식기의 역할과 같다고 해석한다.

노아의 방주, 고려의 수도 고려궁지

강화도는 몽골의 침입에 항거하여 39년간 수도의 역할을 한 곳이다. 고려 고종은 몽골의 침입을 받자 1232년 7월 7일 수도 개경을 뒤로하고 강화도로 천도하여 39년간을 버텼다. 39년간 버티는 동안 팔만대장경을 만들어 불력(佛力)으로 나라를 지켰다. 강화의 궁궐은 개경의 궁궐 그대로 짓고, 궁궐의 이름도 개경 때의 이름 그대로 사용했다.

1270년 원나라, 즉 몽골 제국에 항복하여 개경으로 환도하면서 강화도에 성벽이나 왕궁의 모든 것을 없앴지만, 750여 년이 지난 지금에도 그 당시의 흔적들은 강화도에 남아 있다. 고려시대의 왕릉 4기, 홍릉, 석릉, 곤릉, 가릉이 남아 있고, 강화의 성벽과 고려궁지가 일부 복원되었다.

조선시대 25대 왕인 철종 임금이 살던 잠저 용흥궁이 고려궁지 경내에 있고, 용흥궁 바로 뒤 언덕에 노아의 방주 모양의 성공회 성당이 100년 전에 세워졌다. 1232년 한여름 고려 고종이 강화도로 갑자기 오자 새우젓으로 간을 한 돼지고기를 바쳤다. 맛이 일품이요, 영양가도 최고였다. 왕이 먹었던 젓국을 지금도 만들어 토속음식으로 팔고 있다. 고려의 음식문화를 이어온 식당도 고려궁지 터 부근에 있다.

강화도의 잠재적 가능성

강화도는 개성에서 가깝고, 수도 서울에서도 가까워 잠재적 가능성이 높은 섬이다. 1995년에 경기도에서 인천광역시에 편입되었다. 인천은 육지부(346㎢)와 도서부(711㎢)로 구성되어 있다. 섬 지역이 육지

▲ 고려궁지 권역에는 노아의 방주 모양의 성공회 성당이 100년 전에 들어섰다.

의 두 배에 달하며, 강화군은 401㎢로 인천의 육지부보다 더 큰 면적이다. 인천광역시의 인구는 3백만여 명이나 강화군의 인구는 7만여 명으로 인구의 비중은 2.3%에 불과하다.

   강화도를 어떻게 활용하느냐 하는 것은 강화도의 과제이다. 고대 사회에서 농사가 잘되면 제일이었다. 현대 사회에서는 새로운 용도 개발이 요구된다. 동북아시대, 통일 한국에 대비하여 강화도를 바라봐야 할 때다. 강화도는 쓰임새가 큰 땅이다. 다리 하나만 놓으면 개성, 파주, 영종도와 연결된다. 남북이 통일되면 서울이나 평양 외에 새로운 입지를 잡는다면 강화도가 후보지가 될 수 있는 땅이다.

4) 600년 도읍지, 조선 한양

조선의 도읍지 한양은 철저한 풍수사상에 의거하여 입지한 도시이고, 조선의 궁궐인 경복궁은 풍수적 명당을 선정하여 자리 잡은 조선의 정궁이다. 해방 후 정부가 수립된 뒤에도 경복궁 권역에 청와대가 입지했다. 조선 왕조는 518년간 계속되었고, 대한민국은 경제 10대국으로 성장했다.

조선의 개국과 도읍지 천도

조선이 개국하여 천도 시 어디로 도읍지를 정할 것인가에 대해 계룡산 신도안 터, 현재의 신촌 자리인 서울의 무악 터, 현재의 사대문 안인 한양 터에 대한 찬반양론이 있었다. 한양으로 도읍을 정한 후에도 여러 차례 논쟁이 계속되었다.

계룡산은 남쪽에 치우쳐 있고, 하륜이 중국 호순신(胡舜臣)의 수파장생이론(水破長生理論)에 맞지 않는다고 하여 공사가 중단되었다. 서울의 무악은 하륜이 도읍을 정할만한 곳으로 추천했으나 명당이 좁고 주산이 약하여 채택되지 못했다. 반면 서울의 한양은 사면이 높고 중앙이 평탄하며 풍수지리상 여건이 가장 뛰어나 조선의 도읍지로 선택되었다.

조선의 수도를 한양으로 정한 후에도 왕궁의 입지를 어디로 할 것인가 입지론 논쟁은 지속되었다. 권중화, 정도전 등의 북악산을 주산으로 한 북악주산론과 무학대사의 인왕주산론이 대립했다. 북악산 아래 경복궁이 조선의 왕궁으로 채택된 이후에도 무악주산론과 응봉주산론이 여러 차례 제기되었다. 이에 세종은 황희 정승으로 하여금 검토하게 하고, 직접 북악산에 올라 지세를 파악한 후 주산론 논쟁을 잠재웠다.

그러나 임진왜란 후 경복궁, 창덕궁, 창경궁 등이 화재로 소실되었다. 이국필이 경복궁은 불길하다 주장하여 창덕궁이 정궁 역할을 담

▼ 광화문 광장

당했다가 고종이 다시 경복궁을 중건하여 조선의 정궁 역할을 되찾았다. 일제강점기와 미군정기를 거쳐 대한민국 정부가 수립되어서도 수도의 입지는 서울로 이어졌다.

왕십리 전설과 도성 축성

무학대사와 함께 한양을 찾아온 조선의 태조는 궁궐터를 찾다가 지금의 왕십리에 당도했다. 청계천이 합류하는 곳에서 멈춘 뒤 도읍이 될만한 땅을 찾았다. 남산 자락이 끝나는 상당히 넓은 명당을 발견하고, 그곳이 왕도로 좋은 터라고 생각했다. 가장 중요한 궁터를 어디에 정해야 할지 가늠하기 어려웠다. 그때 한 할멈이 나타나 "이곳에서 십리를 더 간 곳이 좋다"라고 일러 준 뒤 사라졌다. 두 사람은 신의 계시라 믿고 북악산 기슭에 궁궐터를 잡았다고 전해진다.

한양은 궁궐보다 도성을 먼저 쌓았다. 무학대사가 궁궐을 짓기 위해 기둥을 세우는데 곧 넘어져 버렸다. 기둥 하나를 세우는데도 무척 힘이 들었다. 무학이 시름하던 중 한 늙은 농부를 만났다. 농부가 밭을 갈고 있었는데 소가 말을 듣지 않자 농부가 소에게 "이 종잡을 수 없는 놈아! 너의 심술궂기는 무학과 같다"라고 했다. 무학은 농부에게 기둥을 세우는 것에 대해 가르침을 구했다. 그러자 농부는 "한양의 산천지세는 학이 날개를 편 형상이고, 이곳은 학의 등에 해당한다. 따라서 여기에 건물을 세우려면 학의 날개를 누른 다음에 세워야 한다. 학의 날개를 그대로 둔 채 등에 기둥을 세우려 하니 그것이 넘어지는 것이다"라고 했다. 그 말을 따라 도성을 쌓고 그다음에 궁궐을 세웠더니 공사가 잘 진행되었다. 이것은 남산에서 본 경복궁의 뒷산이 마치 학의 날개를 편 형상과 같아 유래된 전설이다.

서울의 유래와 한양도성 성곽길

한양도성을 쌓던 어느 날, 큰 눈이 내렸다. 그런데 아침이 되니 눈이 산마루를 따라 하나의 선이 그어졌다. 선 밖에는 눈이 쌓였는데 그 안쪽에는 눈이 없었다. 태조는 이것은 하늘의 계시라고 믿고 눈이 쌓인 선을 따라서 도성를 쌓았다. 그 결과 한양은 설(雪)이 울타린 친 도성이란 뜻에서 '설울'이라고 불렸고, 이것이 오늘날 서울이란 지명이 되었다고 한다.

낙산~북악산~인왕산~남산~낙산으로 연결된 18.6km의 한양도성 성곽길을 걸어보자. 13.1km의 성곽이 복원되었고, 5.5km가 건물과 도로로 끊겼다. 성곽길을 돌면서 한양의 지세를 관찰하고 수도 서울의 입지를 한눈에 조망하여 보자. 동대문에서 출발하여 낙산, 북악산에 오르면 한양으로 입수하는 한북정맥(漢北正脈)의 웅장함이 느껴진다. 북악산 정상에 오르면 바위가 하나 있는데, 마음을 가다듬고 보면 두꺼비의 모양이다. 두꺼비가 북악산 정상에서 고개를 내밀고 한양 땅을 바라보는 모습이 매우 신비롭다.

한양 땅의 명당

북악산을 내려와 창의문을 지나 인왕산에 오르면 낙산~북악산~인왕산~남산으로 둘러싸인 한양의 모습과 경복궁, 청와대 터가 한눈에 조망된다. 다시 남대문을 지나 남산에 오르면 조선시대의 한양 땅(사대문 안)과 오늘날 수도의 서울(강남+강북) 지세를 모두 볼 수 있다.

내사산(북악산, 인왕산, 남산, 낙산)으로 둘러싸인 조선의 수도 한양 땅, 외사산(북한산, 덕양산, 관악산, 용마산)으로 둘러싸인 강남과 강북을 포괄하는 대한민국의 수도 서울 땅이 한눈에 조망된다.

조선의 한양 땅은 조선 왕조가 518년을 이어온 터이고, 수도 서울은 100년이 안 되어 세계 경제 10대국으로 오른 터이다. 600년 도읍지로 터의 이력이 다 있기에 그걸 알면 풍수의 신비함을 체감할 수 있는 현장이다.

서울의 사대문 안은 어디가 명당인가. 서울에 도읍지를 잡고 가장 먼저 명당을 찾아 자리 잡은 곳이 왕궁이다. 북악산을 주산으로 한 경복궁, 응봉 아래 창덕궁과 창경궁, 인왕산 아래 경희궁과 덕수궁 등 다섯 왕궁이 핵심 자리를 차지했다. 그리고 사대부가들이 북촌마을 등 한양의 요지에 자리를 잡았다. 조선조 당시 사대부가들이 살던 집터는 그 후에도 명문가들이 살았으며 학교, 주요 공공기관, 기업의 터로 활용되었다.

특히 기업들은 풍수지리를 중요하게 생각하여 명당을 찾아 사대문 안에서 사업을 시작했다. 세계적 글로벌 기업으로 성장한 삼성그룹은 남대문 입구의 태평로에 자리 잡았고, 현대그룹은 북촌마을 입구에, SK그룹은 청계천 입구, 롯데그룹은 을지로 입구에 터를 정했다.

우리나라 5대 은행의 본점도 남산 아래 을지로 주변에 모두 모여 있다. 은행 본점 위치의 풍수적 명암에 따라 은행의 위상도 달라졌다. 사대문 안의 한 치가 높은 맥을 받는 곳에는 학교, 사대부가 등 명문가들이 위치했고, 물이 모여드는 곳에는 기업과 시장 등 상업 시설이 들어섰다.

혜화로에 가면 우리나라 최대의 장학재단을 설립한 관정재단이 있다. 99칸의 부잣집이고, 여운형 선생이 살았던 곳이기도 하다. 이곳에 자리 잡은 관정 이종환 회장(101세)은 50여 년째 살고 있다. 이곳을 집터로 잡은 이래 13개의 공장을 지었고, 하는 사업마다 성공하여 최대의 부를 이루었다. 이를 기반으로 장학재단을 설립하여 인재 양성에 기여하고 있다. 명당을 찾아 집터를 정하고 열심히 일한 결과 부를 이룬 것이다.

인물과 기업이 성장하는 땅

남산 아래 회현동에 가면 동래 정씨 400년 세거지가 있다. 이곳은 조선시대 정광필이 살던 집터다. 이곳에서 노루표페인트 등이 사업을 일으켜 성공했고, 지금은 우리은행 본점이 위치하고 있다. 북촌마을에는 조선시대에 사대부가들이 살았고, 지금도 수많은 부자가 살고 있다. 특히 정독도서관의 구 경기고등학교 터는 북촌마을 중에서 생기가 잘 뭉쳐진 땅으로 수많은 인재를 길러냈다.

북촌마을에서 주목해야 할 곳은 재동초등학교, 중앙고등학교, 대동세무고등학교, 덕성여자고등학교 등이다. 주거지가 강남과 외곽으로 대부분 이전되어 학생 수가 대폭 줄었다. 여기에 있는 학교 시설을 다른 용도로 활용할 때가 된 것 같다. 사대문 안에 남아 있는 명당 터가 주요 관공서, 기업의 터로 개발되어 대한민국이 더욱 성장하기를 기대한다.

서울의 한양 땅은 한남정맥과 한북정맥이 다시 만나고, 그 사이에 남한강과 북한강의 물이 모여들어 모든 생기를 응집한다. 청계천이 역수하고, 한강이 암공수를 이루니 이러한 대명당에서는 세계적 인물과 기업들이 지속해서 탄생할 수 있는 곳이다. 산으로 둘러싸인 서울의 한양 땅, 인물과 기업이 성장하는 터가 되기를 바란다.

5) 조선의 5대 왕궁

조선을 건국한 태조 이성계는 한양을 도읍지로 정하고 풍수적으로 가장 뛰어난 곳에 경복궁 터를 잡았다. 경복궁에서 왕자의 난이 일어나고 왕권의 찬탈이 일어나자 2대 왕 정조는 개경으로 다시 수도를 옮겼다. 왕자의 난으로 왕권을 잡은 3대 왕 태종은 한양에 창덕궁을 지어 다시 한양으로 돌아왔다. 태종이 세종에게 왕권을 물려주면서 창덕궁 동쪽에 수강궁을 지어 나갔다. 수강궁을 창경궁으로 확장했고, 인왕산 아래 경희궁과 덕수궁을 지어 조선의 왕궁은 5개 궁으로 늘어났다.

조선의 정궁, 경복궁

태조가 한양으로 천도하면서 지은 경복궁은, 임금은 남면해야 한다고 주장하는 정도전의 의견을 받아들여 북악산 아래 터를 잡았다. 궁궐의 이름도 '큰 복이 오래 간다'는 의미를 담아 경복궁(景福宮)이라 했다.

경복궁에서 세종대왕은 집현전을 두어 한글을 창제했다. 궁궐에 대한 명당 논쟁이 여러 차례 제기되었으나 신하들과 직접 현장을 돌아보면서 명당 논쟁을 잠재웠다. 임진왜란으로 궁궐이 소실되자 200여 년간 방치되어 있었는데 대원군이 경복궁을 재건하여 조선의 정궁 자리를 되찾았다.

경복궁 터의 진가를 제대로 알아본 사람은 태조와 세종 그리고 대원군이었다. 태종은 세종에게 창덕궁을 내주고 수강궁(창경궁)을 지어 물러났지만, 세종은 큰 정치를 펴자면 경복궁이 넓어서 더 좋다고 하며 경복궁에 주로 머물렀다.

◀ 태조가 한양으로 천도하면서 지은 조선의 정궁, 경복궁

▼ 경복궁 안에 있는 경회루

경복궁 터는 서울의 주산인 북악산을 배산으로 한 평평한 땅의 남향판 지세이다. 주산이 우뚝하고 좌우로는 낙산과 인왕산의 청룡·백호가 감싸준다. 인왕산이 크게 솟아 남산으로 이어지며 산태극수태극(山太極水太極)을 형성하여 청계천이 서출동류 후 중랑천과 합수되어 한강과 합류되는 역세의 국이다. 밖으로 북한산, 덕양산, 관악산, 용마산 등 외사신사가 잘 환포하는 최고의 입지다.

경회루는 태조 때는 사신을 접대하는 아주 작은 누각이었는데, 태종 때 누각을 크게 확장하고 경회루라 이름했다. 경회(慶會)는 '임금과 신하가 덕으로 만난다'는 의미가 담겨 있는데 사신 접대, 궁중 연회, 기우제, 무과 시험을 치르기도 했다. 성종 때는 돌기둥에 용의 모습을 새기는 등 화려하게 장식했고, 임진왜란 때 소실된 후 고종이 중건했다.

경회루가 있는 곳은 매우 습하여 비보(裨補) 차원에서 연못을 팠다. 경회루에는 음양오행, 삼재, 팔괘, 12지상, 24방위, 24계절 등 동양 사상이 깊숙이 반영되어 있다.

경회루 부근에 한글을 창제한 집현전이 있다. 단종이 세조에게 옥새를 양위한 곳도 경회루다. 연산군은 이곳에서 '흥청'이란 기생과 방탕한 생활을 일삼아 '흥청망청'이란 고사가 생겨나기도 했다. 경회루는 북악산과 인왕산을 배경으로 뛰어난 자연환경과 연못이 어우러져 조선조 5대 왕궁 중 가장 아름다운 장소로 꼽히는 곳이다.

가장 오랫동안 궁궐의 역할을 한 창덕궁(昌德宮)

창덕궁은 조선 3대 왕인 태종이 개경에서 한양으로 재천도하기 위해 1404년에 지은 궁궐이다. 궁궐의 이름이 '덕으로 널리 창성한다. 이롭게 한다'라는 의미로 그 뜻이 매우 창대하다. 조선 전기에 정궁 경복궁의 제2 궁궐 역할을 했고, 경복궁이 화재로 소실된 조선 후기에 조선의 법궁 겸 정궁 역할을 했다. 전기에는 경복궁과 양궐 체제, 후기에는 경희궁과 양궐 체제로 운영되었다.

창덕궁은 지형·지세에 따라 자유롭게 건물을 지어 구조, 입지, 심미안적으로 안정감을 주어 조선 대부분의 왕은 창덕궁에서 거주했다. 특히 창덕궁은 후원이 있어 왕과 왕족들이 휴식하기에도 아주 좋은 공간이었다.

창덕궁 인정전은 '인자한 정치를 펼친다'는 의미를 지닌 정전으로 역대 왕들이 그곳에서 정무를 수행했다. 여러 차례 화재로 소실되어 선조와 순조 때 두 차례나 다시 건립되었다. 인정전 앞마당에는 박석을 깔고, 품계석을 설치하여 조선 왕조 법궁의 역할을 했다. 건물의 방향은 남향이고, 바로 앞에 나지막한 안산이 있으며, 그 뒤로는 다시 남산이 있어 조안산이 잘 갖추어졌다.

선정전은 창덕궁의 편전으로 조선시대 국왕이 평상시에 거처하며 신하들과 국사를 의논하고 행하던 곳이다. 선정(宣政)이란 '정치와 교육을 널리 펼친다'라는 뜻이며, 편전이란 임금과 신하가 정치를 논하고, 유교와 역사를 공부하는 곳을 말한다.

▲ 창덕궁 인정전

▲ 창덕궁 후원

대조전은 창덕궁의 내전 중 가장 으뜸가는 건물로, 왕과 왕비의 침실이 있는 공간이다. 성종, 인조, 효종이 이곳에서 승하했고, 순조의 세자로 뒤에 왕으로 추존된 익종이 이곳에서 태어났다. 대조전은 왕과 왕비가 되어야 사용하는 공간으로 대부분의 왕자는 궁궐의 부속 건물에서 태어났다. 어느 건물에서 왕자가 가장 많이 태어났는지도 조사해 보면 재미날 것 같다.

대비와 후궁들을 위해 만든 궁궐, 창경궁

조선의 27대 왕 중 왕궁에서 태어난 왕은 15명이다. 경복궁이 단종, 성종, 연산군, 인종, 명종, 광해군 등 6명으로 가장 많고, 다음으로 후궁들의 거처였던 창경궁에서 경종, 영조, 정조, 순조, 현종 등 5명의 왕이 태어났다. 창덕궁에서 중종, 순종이 태어났고, 경희궁에서 숙종, 덕수궁의 전신인 정릉에서 선조가 태어났다. 왕의 출생지로 보면 경복궁과 창경궁이 주목을 받는다.

태종이 왕위를 세종에게 물려주면서 본인의 거처로 창덕궁 동쪽에 궁을 짓고, 수강궁이라 이름했다. '강건하게 오래 살라'는 의미를 담았다. 성종 대에 와서 왕실의 세 대비인 세조비 정희왕후, 덕종비 소혜왕후, 예종비 인순왕후를 모시기 위해 폐허처럼 남아 있던 수강궁을 확장하면서 창경궁이라 이름했다.

일제강점기 때 바위 맥으로 형성된 이곳의 기운이 심상치 않다고 하여 동물원과 식물원을 만들고 시민들에게 놀이공원으로 개방하면서 기운을 분산시키고 이름도 창경원으로 바꾸었다.

창덕궁에서 춘궁지 가는 산책길에 계단을 내려가면 큰 바윗돌이 있다. 이곳에 대비와 후궁들의 산실이 있었다고 한다. 바위 맥은 기운이

▲ 창경궁

아주 세다. 터가 센 곳은 기운이 세지 않은 사람은 버티기가 어렵다. 대비와 후궁들의 시샘과 질투가 난무했던 창경궁의 터를 보면서 파란만장한 당시의 상황을 상상한다. 뒤주에 갇혀 죽은 사도세자도 생각난다.

창경궁은 동물원이 있어 초등학교 시절 시골에서 서울로 수학여행 오던 곳 중 가장 기억에 남는 장소이다. 일제강점기 때 철저히 훼손된 창경궁은 광복 후 일본식 건물은 헐어 버리고, 벚나무도 제거하고, 동물원도 옮겨 옛 모습을 복원했다. 연못도 한국식으로 바꾸었다.

조선 후기 왕들이 가장 선호했던 경희궁

광해군은 이복동생인 정원군의 옛집에 왕기가 서렸다는 술사의 말을 듣고, 왕기를 누르기 위해 그 자리에 궁을 세우고 경덕궁(지금의 경희궁)이라 했다. 그러나 인조반정으로 광해군은 새 궁궐에 들어오지도 못하고 왕위에서 물러나고 선조의 손자이자 정원군의 장남인 인조에게 왕권이 넘어갔다. 숙종 대에 와서 경덕궁을 경희궁으로 개명했다.
　경희궁 태령전 뒤에 가면 기이한 모양의 바위가 있다. 이곳에 암천으로 불리는 바위샘이 있어 예로부터 경희궁의 명물이었다. 본래는 왕암으로 불렸는데, 숙종 34년에 바위를 '상서로울 서(瑞)' 자를 붙여 서암(瑞巖)이라고 개명했다.
　인왕산 아래 경희궁은 바위산 아래 바위 맥을 타고 입지했다. 바위는 권력의 상징으로 힘이 솟아난다고 여겼다. 그래서인지 조선의 후기 왕들은 경희궁을 좋아했다. 조선 후기에 10명이나 되는 왕이 서암에 머물렀다. 바위 맥에 전각을 지은 곳이 창경궁에도 있다. 3명의 대비를 위해 성종이 지었고, 대비와 후궁들이 거주했다. 바위 맥이 있는 창경궁에서 5명이나 되는 왕들이 태어났다.
　일제강점기 때 5대 궁궐 중 바위 맥이 있는 창경궁과 경희궁은 철저히 파괴되었다. 권력의 근원을 차단하려는 의도로 보인다. 창경궁에는 동물원을 만들어 시민들에게 개방하여 바위의 기운을 흩트렸고, 경희궁에는 학교를 지어 바위의 기운을 분산시켰다.

 경희궁

고종이 경복궁을 복구하면서 경희궁의 전각은 대부분 철거되었다. 경희궁의 정전인 숭정전은 동국대로 옮겨갔다. 왕기가 서렸다는 서암은 빛과 조망점에 따라 사람 얼굴 모습도 보이고, 사자와 용의 모습도 나타난다. 서암 바위틈에서 샘이 솟아나는데, 영조의 어머니는 항상 이곳에서 기도를 드렸다고 한다.

조선시대를 마감한 덕수궁

을미사변으로 고종의 왕비 명성황후가 일본군에 의해 살해되자 고종은 러시아 공관으로 피신했다. 일본과 러시아와의 협상으로 1년 만에 고종은 경복궁으로 가지 못하고 비상시 임시 궁궐로 사용하던 덕수궁으로 돌아왔다.

덕수궁은 창덕궁과 창경궁이 임진왜란으로 불에 타자 선조가 임시로 와서 머물렀던 월산대군의 옛 사저였다. 고종이 덕수궁에 머무르면서 전각을 짓기 시작했다. 동향의 터에 남향으로 궁전을 지었다. 중화전, 석조전 모두 남향으로 건축했는데, 궁전 뒤가 허하게 비어 있다. 뒤에 작은 동산이 있었으나 그마저 다 헐어 버렸다. 주산이 무너졌으니 근본이 무너진 것이고, 배경이 없는 것이니 어디에서 힘을 받을 것인가. 고종이 순종에게 왕권을 양위하고, 순종은 덕수궁에서 창덕궁으로 이어했으나 3년을 버티지 못하고 조선 왕조는 518년으로 덕수궁에서 막을 내렸다.

조선의 5대 궁은 모두 한양 도성 안 명당 지역에 자리 잡았다. 조선시대 518년 동안 조선 왕궁의 정궁은 개성이 8년, 창덕궁이 273년, 경복궁이 237년간 사용되었고 창경궁, 경희궁, 덕수궁은 이궁 역할을 했다. 시대마다 왕들의 입장에 따라 궁궐의 선호도가 달랐지만, 궁궐의

▲ 덕수궁

▲ 덕수궁 석조전

입지는 당시 최고의 풍수사들이 동원되어 자리 잡았다.

조선조 이후에도 이곳 지역은 명문 학교와 명문가들이 자리 잡았다. 경복궁 지역에는 청와대가 들어섰고 경기고, 경복고, 창덕여고 등 명문 학교에서 수많은 인재를 길러냈다. 창덕궁 지역에는 중앙고, 휘문고, 서울대, 성균관대가 있었고, 현대그룹은 이곳에서 세계적 기업으로 도약했다. 경희궁 지역에는 서울고가 수많은 인재를 길러냈다. 덕수궁 지역에는 서울시청, 국회의사당이 있었고, 경기여고, 이화여고 등 명문 학교가 들어섰으며, 태평로에 자리 잡은 삼성그룹은 세계적 기업으로 도약했다.

일제강점기에 왕궁의 기운을 분산시키고자 경복궁에 조선총독부 건물을 지었고, 창경궁에는 동물원을 두어 지기(地氣)를 억누르려고 했으며, 경희궁에 학교를 세워 기운을 분산시켰다. 덕수궁은 생기가 응집되는 봉우리를 허물어 버리고, 신작로를 내어 규모를 축소하고 기운을 차단하고자 했다.

세월이 지나도 명당의 기운은 사라지지 않고 온전히 보존된다. 사대문 안 궁궐 지역에 대한민국의 주요 기관과 기업들이 위치하여 계속하여 대한민국의 부를 창출하는 터전이 되기를 바란다.

6) 부국강병의 땅, 용산

 최근 대통령 집무실이 사대문 안 청와대에서 서울의 중심지 용산으로 이전했다. 통제되었던 청와대 뒷산과 청와대가 개방되었고, 새로 옮겨간 용산의 대통령실도 개방했다. 청와대와 용산의 대통령실 주변 일대를 여러 차례 돌아보고 용산은 어떤 곳인지 풍수적 측면에서 조명해 보았다.

용산의 유래와 역사
 조선시대 용산은 도성 서쪽의 무악산, 오늘날의 안산에서 남쪽으로 뻗어나간 산줄기와 한강으로 둘러싸인 지역을 아울렀다. 구불구불한 능선이 한강에 이르러 봉우리를 형성하는데 전체적인 형세가 용을 연상시킨다고 하여 용산(龍山)이라 이름하였다. 건국 초기 용산은 한양 땅이 아니었다. 다만 수도 한양을 관리했던 한성부는 도성과 함께 도성 밖 십 리(4km)에 이르는 성저십리(城低十里)까지 관할했는데, 용산은 성저십리에 해당했다.

 조선시대에는 성밖의 지역이었다. 성밖 지역에는 농사를 짓는 지역, 사냥터, 공동묘지가 있었다. 1904년 러일전쟁을 준비하면서 일본군이 용산으로 들어왔고, 남산 아래 둔지산 둔지미 마을 일대를 용산이라고 했다. 둔지산 일대는 남산 아래 해발고도 45~65m의 낮은 구릉지대로 조선시대 때 하늘에 제사 지내던 국사당이 남산에 있어 둔지산이라고 하고, 마을 이름도 둔지미 마을이라고 했다. 둔지미의 '미' 자는 '뫼 산(山)'을 의미한다.

 남산 아래 낮은 구릉지 땅은 일본이 1904년 군부대로 사용한 이후,

◀ 용산 둔지산 자락에 자리 잡은 대통령실,
조금 높은 곳에 숲과 언덕으로 둘러싸여 있다.

미군과 우리나라의 군 시설이 있었다. 도시가 강북에서 강남 지역으로 확대되고 용산이 서울의 중심지가 되자 미군 부대는 평택으로 이전하고, 우리 군사 시설은 계룡산 계룡대로 이전해 갔다. 120여 년간 군부대가 있어 자연이 보존되었고, 부대가 이전해 가니 100만여 평이 넘는 땅이 새로운 용도를 기다리고 있었다. 새 정부가 들어서면서 대한민국 정부 수립 이후 74년간 사용하던 대통령 집무실과 관저를 국민에게 돌려주고, 대통령실을 용산으로 이전했다.

한양의 길목, 용산

조선의 물류는 용산으로 통했다. 금강산에서 발원한 북한강과 태백산에서 발원한 남한강이 양수리에서 합수하여 한강 물이 용산 일대를 감싸준다. 용산에 용산방(龍山坊)이 생겨 물류의 중심이 되었고, 한양으로 모이는 전국의 물류는 용산으로 집결되었다. 1900년 초 경인선이 개통되고 이어서 경부선 경원선, 경의중앙선이 개통되면서 철도의 중심지가 되었다. 용산은 교통과 물류가 좋으니 군사 시설로도 최고의 입지가 되었다.

　용산을 살펴보기 위해 용산 역사박물관으로 갔다. 국립중앙박물관을 거쳐 남산에 잠시 올라 용산을 조망했다. 용산 역사박물관은 2022년 3월에 개장했다. 그중 눈길을 끄는 것은 용산에서부터 런던까지 1만 1천km의 유라시아 철도였다. 용산을 시발로 남북 철도가 연결되면 14일 정도면 런던까지 갈 수 있다고 한다. 가상의 열차를 타고 그 길을 달려보았다. 평양을 지나 시베리아 벌판, 모스크바를 거쳐 폴란드 바르샤바, 독일과 프랑스 파리를 거쳐 영국 런던까지 갈 수 있다.

　지난 6월, 마침 용산 대통령실 앞뜰을 시범 개방했다. 신용산역 출입구에서 가로수길 작은 언덕을 넘어서 대통령실 앞뜰까지 돌아볼 수 있었다. 대통령실 전면에 있는 야구장 전망대에 올라 대통령실을 바라보았다. 대통령실은 숲속 낮은 언덕에 둘러싸여 있었다. 대통령실을 야구장 전망대에서 조망하고 대통령실 앞뜰까지 안내받고 걸어갔다. 대

▲ 대통령실 바로 앞뜰

통령실을 멀리서도 보고, 가까이에서도 볼 수 있었다.

용산을 물형론 관점에서 살펴보면 서울의 중심부에 연꽃이 핀 형상으로 연화부수형이다. 사신사가 한 겹이 아니란 겹겹이 감싸주니 홑꽃이 아니라 겹꽃이다. 연화부수형에서는 중심부 꽃술 부위가 핵심이다. 용산이 대한민국의 중심부요, 오늘날 서울의 중심부가 되었다. 서울의 형국을 행주형으로 볼 수도 있다. 잠실, 삼성동, 용산동, 압구정동, 여의도가 배의 형상이다. 배의 형상에 돛이 필요한데 잠실 롯데타워, 삼성동 아이파크, 용산에서는 남산타워, 여의도에서는 63타워 등 돛이 우뚝 솟았다. 오대양 육대주로 뻗어갈 수 있는 행주형 형국, 세계 시장으로 뻗어가는 무역 국가, 국제도시의 면모를 갖추었다.

부국강병의 땅 용산

대통령실이 위치한 용산은 남산이 배산(背山)이 되고, 좌로 둔지산,

▲ 용산공원 야구장 전망대에서 바라본 대통령실. 국민의 바람을 담은 바람개비가 대통령실 전면을 가득 채웠다.

1부 최고의 명당을 찾아서

우로 용산이 있어 좌우의 산들이 호종하며 한강수가 동에서 서로 횡류하며 감싸주는 대명당 형국을 형성한다. 남산에 올라 용산 일대를 바라보면 북악산~인왕산~남산~둔지산으로 축을 이루며 한강과 마주하고. 한강 너머로는 동작동 서달산과 관악산이 안산과 조산으로 이어진다.

도로도 경의중앙선이 동서로 지나가고 강변북로, 올림픽대로가 요대(腰帶) 같이 둘러 겹겹이 안대 역할을 한다. 한강 물도 수구 쪽으로는 노들섬, 여의도, 밤섬, 선유도가 있다. 생기가 새지 않도록 한문(捍門) 역할을 하며 용이 가지고 노는 구슬 역할까지 한다. 그러니 용산 땅은 한반도를 지배하는 가장 힘 있는 자가 머물렀다.

1900년대 초 일본군이 주둔 이래 미군 부대, 우리나라 군대가 차지하여 100만 평이 넘는 광활한 지역이 지금까지 보존되었다. 이제 때가 되어 용산 일대에 대통령실이 옮겨왔으니 대한민국은 다시 한번 도약의 기회를 맞았다. 삼국시대 백제가 한강 유역에 도읍을 정하여 농업을 발전시켰고, 한강과 서해를 통하여 해상기술이 발달하여 해상무역 국가로 발전했다.

태종이 창덕궁을 세종대왕에게 물려주었지만, 백성들을 위한 큰 정치를 펼치려면 좁은 창덕궁이 아니라 넓은 경복궁으로 가야 한다고 생각한 세종대왕은 경복궁을 주궁으로 하여 한글을 창제하고, 문예 부흥을 일으키는 등 조선조 최고의 왕이 되었다. 공주 웅진성에 있던 백제 성왕은 백제가 부흥하려면 좁은 웅진성에서 벗어나 넓은 곳으로 가야 한다고 하여 부여로 수도를 이전하고 백제의 무왕 무렵에는 백제 최고의 문예 부흥을 이루었다.

전통적 왕궁 개념의 청와대 집무실

대한민국은 1988년 한강 유역 일대에서 세계올림픽을 개최하여 우리나라를 세계만방에 알리고 세계 경제 10대국으로 우뚝 성장했다.

용산 대통령실을 몇 번 돌아보고 다시 청와대와 청와대 뒷산을 여러 번 답사했다. 청와대는 천하제일의 복지라고 불릴 만큼 명당이다. 그러나 30여 년 전에 다시 지은 관저와 대통령 집무실은 풍수적으로 합당하지 않았다. 미래를 생각하지 않고, 한국의 전통적 왕궁을 염두에 두고 과거지향적 관저와 집무실을 만들었다. 관저는 너무 크고 양명하지 못했다. 대통령 집무실은 대통령과 영부인 두 사람을 위한 공간이었다. 그동안 나라의 규모가 커졌는데 대통령 1인만을 위한 공간으로 나라가 통치되겠는가. 청와대를 방문해 보면 대통령마다 청와대를 왜 옮기려고 했는지 이해된다.

새로운 서울의 중심지, 용산

이제 서울의 중심지로 떠오른 용산의 1백만 평이 넘는 넓은 대지에 대통령실이 이전해 왔으니 제자리를 찾았다. 예전의 서울은 사대문 안이 도시의 중심이었다. 규모가 커진 서울은 강남으로 확장되었고, 용산이 서울의 중심지로 떠올랐다. 사대문 안에 있던 기업 본사, 명문 학교, 정부 기관 등 대부분이 시설들이 이미 새로운 둥지를 찾아 더 넓은 곳으로 먼저 이전했다.

용산의 대통령실은 남산을 배산으로 한강 물을 품었으니 장풍보다는 득수가 좋은 풍수적 대명당이다. 600여 년 전 조선조가 한양을 구축하면서 미래의 청사진을 가지고 성곽을 쌓고 궁궐을 짓고 도시를 배치하면서 지명과 건물의 이름도 새롭게 했다.

▲ 대통령실이 들어선 용산공원 일대는 남산에서 이태원, 녹사평, 서빙고로 이어지는 둔지산의 서쪽 지맥 둔지미 마을이 있던 곳이다.

　용산은 시대가 변하고 땅의 용도가 바뀌었다. 백년대계, 천년 수도를 꿈꾸면서 세계 시장을 주도해나가는 대한민국의 위상에 걸맞은 지명과 배치가 새롭게 되어야겠다. 대통령실 뒤에 있는 남산은 조선 궁궐의 앞산인 남산이 아니라 대통령실의 주산(主山), 즉 주인 되는 산이 되었다. 남산의 새 이름을 대룡산(大龍山), 대통령실이 있는 용산 또는 고려시대 옛 지명인 인경산(引慶山), 경사를 끌어들이는 산으로 주산에 걸맞은 이름을 찾아야겠다. 용산 대통령실이 이제 힘 있고 득수가 좋은 대명당에 들어왔다. 세계 최강의 부국강병의 땅으로 발전해 갈 수 있는 계기를 맞았다.

2. 명당에 자리한 조선의 왕릉

1) 조선 왕릉 풍수지리(1)

조선 왕릉의 상징, 태조 이성계 건원릉

왕이 승하하면 그다음 왕이 왕릉을 조성한다. 선왕이 죽으면 6일 차에 왕위에 즉위하고, 첫 번째 대업인 국장을 치르고 왕릉을 조성한다. 조선의 왕릉은 《조선왕조실록》에 모두 기재되었고, 왕릉도 잘 보존되었다.

조선조의 첫 번째 왕릉은 건원릉으로, 1396년 태조 이성계의 계비 신덕왕후 강씨가 죽자 현재의 덕수궁 뒤 정동에 정릉이 조성했다. 태조는 정릉을 수릉터로 정했다. 수릉은 왕의 무덤을 생전에 미리 잡는 것을 말한다. 태조 이성계가 승하하자 태종은 아버지를 계비 옆에 모시지 않고, 자신이 잡은 한양의 동쪽 양주의 검암산 아래에 모셨다.

왕릉을 조성할 때에는 왕조의 번영과 후손 발복을 위해 풍수지리가 적극 동원되었다. 신라의 왕릉은 야지(野地)에 모셔졌고, 고려의 왕릉은 산지(山地)에 모셔졌으나 조선의 왕릉은 비산비야(非山非野)의 땅, 산의 능선이 끝나는 지점에 자리 잡았다.

조선의 건국 왕 태조가 모셔진 곳은 백두대간 금강산 분수령에서 분맥(分脈)되어 한북정맥으로 수락산, 불암산을 거쳐 바위가 없다는 검암산 자락 비산비야에 자리 잡았다. 태조가 이곳에 모셔진 후 6 왕(문종, 선조, 현종, 영조, 헌종, 추존왕 문조)이 봉안되었다. 그리고 10 왕비 등 9개의 능에 17위가 모셔져 있다.

명당에는 산과 물이 모여들고, 사람들이 찾아와서 편안함을 느낀다. 동구릉 중심룡 끝자락에 자리 잡은 건원릉은 주변의 산들이 둘러싸고, 오른쪽으로 서쪽에 5릉, 왼쪽으로 동쪽에 3릉을 거느린 형국이다. 동구릉이 조선 왕릉의 으뜸이요, 조선조 518년을 이어간 뿌리이다.

대모산 산하 조선 3대 왕 태종릉과 여주의 세종대왕 영릉

조선의 2대 왕 정종은 개경으로 환도하여 정종의 능도 개경에 있다. 1·2차 왕자의 난을 겪은 3대 왕 태종은 그의 수릉지로 건원릉이 있는 한북정맥의 끝자락으로 가지 않고, 한강을 건너 한남정맥의 끝자락인 대모산 자락으로 왔다.

주변의 산세를 돌아보니 사신사(四神砂)는 잘 갖추었지만, 가까운 내청룡(內靑龍)이 본신룡(本身龍)보다 훨씬 더 짧다. 본신룡이 조롱박 모양으로 잘 생겼으나, 가까운 청룡 자락 두 개가 모두 짧으니 어이 된 일인가. 그러나 전체적인 국세가 좋으니 한두 개의 결점은 감수했으리라. 또한 남향의 따뜻한 곳인데, 땅이 습하여 이끼 풀이 파릇파릇하다.

태종을 이은 4대 왕 세종은 할아버지가 있는 건원릉으로 가지 않고 아버지 태종이 있는 헌릉 서쪽 언덕에 자신의 수릉지를 정했다. 이곳이 풍수적으로 좋지 않다는 신하의 건의가 있었지만, 세종은 "다른 곳에 좋은 자리를 얻는 것이 어찌 부모 옆에 묻히는 것보다 좋겠는가. 좋고 나쁨의 말은 걱정할 일이 아니다"라고 하며 아버지 옆으로 갔다. 그 후 여러 풍파가 있자 19년이 지난 예종 1년에 여주로 옮겨갔다. 그 자리에 360여 년이 지나 조선 23대 왕 순조가 다시 와서 태종 옆에 묻혔다. 시대와 정치적 이해관계에 따라 풍수 평가가 달라지기도 했다.

세종대왕이 대모산 아래에서 여주로 옮겨간 영릉은 여러 형국으로 표현된다. 산봉우리와 산줄기가 마치 꽃잎 모양으로 혈을 감싸고 있는 모습을 보여 모란반개형, 용이 마치 여의주를 품고 하늘을 나는 모습인 비룡승천형, 봉황이 날개를 펴고 알을 품는 비봉포란형 등 형상이 다양하다. 명당의 덕택으로 조선의 국운이 100년이나 더 이어졌다는 소위 '영릉가백년(英陵可百年)'의 천하 대길지이다.

5대 왕 문종은 재위 2년 6개월도 안 되어 31세에 승하했다. 수릉지

▲ 여주에 있는 세종대왕 영릉

는 아직 정하지도 않았는데 어디로 갈 것인가. 그때 갈만한 곳은 증조할아버지 태조가 잠든 건원릉과 할아버지와 아버지 세종이 잠든 헌릉 지역이었다. 명당 논쟁이 분분했던 헌릉 지역을 택하지 않고, 증조가 잠든 검암산 아래 건원릉 옆으로 갔다. 문종을 이은 6대 왕 단종은 영월로 유배 간 후 17세에 사사되어 영월의 장릉에 묻혔다.

조선의 7대 왕 세조의 광릉과 9대 왕 성종의 선릉

세조의 능 광릉은 세조가 죽은 후 예종이 잡은 자리이다. 주산의 혈이 단정하지 못하고 땅이 경사지며 돌이 많아 문제로 지적되었으나 비보(裨補)하면 된다고 하여 이곳에 모셔졌다. 부족한 곳은 비보하고 자연을 그대로 살려 간소하게 왕릉이 조성되었다.

세조의 유언으로 석실을 만들던 것을 회격(灰隔)으로 바꾸고 병풍석도 하지 않아 경비하는 사람이 대폭 줄었다. 이로써 조선 왕릉도 대변

▲ 세조의 능 광릉

화를 예고했다. 세조에 이어 8대 왕 예종은 왕위에 오른 지 1년 만에 승하했다. 예종이 갈 수 있는 곳은 동구릉, 헌인릉, 광릉 지역이었으나 세조가 자리 잡았던 서오릉에 모셔졌다.

도심 한가운데 역사의 숲, 선정릉이 있다. 세조의 맏아들인 의경세자가 일찍 죽고 세조의 왕위는 둘째 아들인 예종에게 넘어갔는데, 예종도 병약하여 즉위 후 1년 만에 죽자 의경세자의 아들 성종이 13세에 왕위에 올랐다. 성년이 되기까지 7년 동안은 세조비인 정희왕후의 수렴청정을 받았다. 재위 25년인 38세에 종기 병으로 승하하니 그의 아들 연산군이 왕위를 이어받았다.

연산군의 첫 번째 대업은 성종의 무덤 자리를 정하는 일이었다. 세종의 다섯 번째 아들 광평대군의 묘를 수서동으로 이장하고 그 자리에 성종을 모시니 이곳이 바로 선릉이다. 선릉은 한남정맥이 관악산 우면산을 거쳐 역삼동 일대에서 동진하는 청담동 언덕에서 남동쪽으로 분기된 산진처(山盡處)로 고도 50m도 안 되는 아주 야트막한 야산에 자리 잡았다. 선릉이 있는 일대는 뒤로는 역삼동이 있는 능선을 배산으로 좌우로 대치 언덕과 청담 언덕이 환포하고 양재천, 탄천, 한강의 삼수가 합수하는 평지 지역이다. 평지에서는 국세가 제대로 갖추어져 있으면 한 치가 높은 곳을 찾는 것이 중요하다. 그런 면에서 본다면 선릉 지역은 대명당국의 요건을 충족한다.

조선의 왕릉 중 가장 많은 사람이 찾는 곳은 여주의 세종대왕릉 영릉이고, 다음이 선릉이다. 선릉 지역은 장마철에 물이 차올라 명당 논쟁이 많았다. 이곳을 크게 주목한 사람이 있다. 성종의 며느리이자 중종의 왕비인 문정왕후였다. 문정왕후는 이곳이 길지이고 본인도 이곳에 중종과 함께 묻히고자 했지만, 결국 태릉으로 가게 되었다. 문정왕후가 선정을 펼쳐 복을 쌓았으면 이곳에 중종과 함께 안장되었을 텐데 덕이 많이 부족했나 보다.

 조선 왕릉은 유네스코 세계유산으로 2009년에 등재되었다. 한 왕조가 500년 이상 유지되기도 어렵지만, 왕들의 무덤이 모두 보존되기도 쉽지 않다. 조선시대 27대 왕과 왕비, 추존왕을 포함하여 42기 왕릉 중 북한에 있는 2기를 제외한 40기가 세계유산으로 등재되어 있다.
 왕릉은 당시의 최고의 풍수사들이 동원되었고 왕족과 대신들이 지속해서 왕릉 후보지를 찾았다. 왕이 승하하면 왕위를 이어받은 왕의 첫 번째 대업이 왕릉 조성이었다. 왕릉은 오늘날 시민들에게 개방되어 왕들의 업적을 돌아보며 산책하는 힐링의 공간이 되고 있다.

2) 조선 왕릉 풍수지리(2)

조선조 최대 왕릉, 동구릉

조선 27대 왕 중 개성에 있는 2대 왕 정종과 군으로 강등된 광해군과 연산군을 제외하면 왕의 능은 24기이고, 나머지는 추존왕과 왕비의 능이다.

동구릉은 한양 동쪽에 9기의 왕릉을 일컫는 말이다. 1408년 태조 이성계를 모신 이후 5대 문종, 14대 선조, 18대 현종, 21대 영조, 24대 헌종 등 여섯 왕과 추존왕 문조, 16대 인조 왕비, 20대 경종 왕비 등 9기가 450여 년에 걸쳐 동구릉에 모셔졌다. 동구릉은 국세가 좋고 능선이 많아 9기의 왕릉이 들어올 만큼 명당 지역으로 평가받았다.

14대 왕 선조는 처음에 태조 건원릉 옆 서쪽 능선에 있었으나 동쪽 의인왕후가 있는 곳으로 옮겨갔다. 선조의 초장지가 있던 곳에 24대 헌종이 들어왔다. 24대 왕 헌종과 효현왕후, 효정왕후의 능인 경릉은 14대 왕 선조의 목릉이 있었던 구광터에 자리 잡았다.

경릉은 200년 이상 비어 있던 곳이었다. 1843년, 헌종 9년에 헌종비 효현왕후가 16세에 승하하자 헌종은 옛 목릉의 자리를 살펴보게 했다. 그 결과 "이미 이곳은 증험(證驗)한 길지이고, 원릉의 전례도 있어 구광터이나 4척쯤 뒤로 물려 정하면 아주 좋다"라고 했다. 헌종은 약간 왼쪽으로 옮겨 자리를 정하고 오른쪽을 비워두라고 지시했다. 후일 1849년 재위 15년인 23세에 헌종이 승하하자 이곳에 모셔졌다.

1903년, 고종 40년에 다음 왕비인 효정왕후가 73세로 승하하자 고종은 효정왕후의 장지로 경릉을 살펴보았다. "경릉의 왼쪽이 동그랗고 풍만하여 보통 사람의 눈에도 길하게 보인다", "내룡의 지맥이 머

▲ 선조와 의인왕후, 인목왕후의 능, 목릉

리에 와서 지혈을 이루고, 능의 왼쪽도 역시 기가 모여드는 길한 땅이다"라는 보고를 받고 장지를 정하니 경릉에 헌종과 효현왕후 그리고 효정왕후가 함께 묻히게 되었다.

숙종이 주목한 고양의 서오릉

서오릉은 서울과 고양의 경계 부분에 있는 조선 왕릉이다. 한양의 서쪽에 왕릉이 5개 있어 서오릉이라 했다. 서오릉에 처음 왕족의 무덤이 들어선 것은 세조 때이다. 그의 왕위를 이을 의경세자가 갑자기 죽자 아들을 위해 22명의 대신과 9명의 상지관을 19곳의 장지 후보지에 투입하여 6곳을 선정하고 직접 답사에 나섰다.

그리고 명당으로 선정한 곳이 현재의 서오릉 터다. 앞산에 올라가 무덤의 후보지를 바라보고 천하의 명당이라고 감탄했다. 서오릉 터는 효령대군의 장인 묘가 있던 곳인데, 경기도 과천으로 이장하고, 의경세자를 간좌곤향(艮坐坤向), 즉 남서향으로 장사를 지냈다. 그런데 세조를 이어 왕위에 오른 둘째 아들 예종(1450~1469)이 1년도 안

▲ 숙종과 인현왕후, 인원왕후의 능, 명릉

되어 죽자 예종도 형 의경세자가 잠들어 있는 이곳에 모셔졌다. 200여 년이 훨씬 넘어 이곳을 다시 주목한 이가 숙종(1661~1720)과 영조(1694~1776)였다. 전쟁이 없던 시기라 숙종은 46년간 재위했고, 영조는 52년간 재위했다. 풍수에 능한 세조가 의경세자 자리를 이곳에 잡고, 다음으로 이은 예종이 일찍 갔지만, 의경세자가 명당에 들어 왕권은 다시 의경세자 아들 성종에게로 넘어갔고, 의경세자는 덕종으로 추존되었다.

　이를 주목한 숙종은 그의 왕비 인경왕후(1661~1680)가 먼저 죽자 이곳에 왕비의 무덤을 마련하고, 동쪽 너머 언덕에 두 왕비와 숙종 자신의 무덤을 잡았다. 숙종의 아들로 21대 왕위에 오른 영조기 이곳을 다시 주목했다. 왕비 정성왕후(1692~1757)가 먼저 세상을 떠나자 이곳에 장사 지내고 영조 본인의 자리까지 바로 옆에 쌍릉 터로 비워두었다. 그러나 영조가 세상을 떠나자 그의 손자 정조는 아버지 사도세자를 죽인 할아버지를 33년간 재임한 왕비 정성왕후 옆에 장사 지내지 않고, 동구릉의 17대 왕 효종이 버리고 간 구광터에 장사 지냈다.

죽은 아버지에 대한 그리움, 사도세자의 융릉

화성에 있는 융릉은 정조대왕이 뒤주에 갇혀 죽은 아버지를 그리워하며 최고의 명당을 찾아 사도세자를 천장한 곳이다. 세종대왕 능의 후보지로 검토되기도 했으나 한양에서 멀고, 세종이 아버지 태종이 묻혀 있는 헌릉 옆으로 가기를 원해 모시지 못했다. 융릉터에 효종 능의 후보지로 검토했으나 정치적 이유로 채택되지 못하고 동구릉으로 갔다. 그러나 동구릉의 효종 자리가 풍수적으로 나쁘다 하여 다시 여주로 천장했다. 그 후 풍수에 능한 정조는 화성으로 사도세자 묘터를 정하고, 융릉터에 있던 마을은 수원 화성으로 옮겼다.

윤선도는 효종의 능역 공사 당시 이곳을 보고 "세종의 영릉에 비할 바는 아니지만, 천 리를 가도 그만한 곳은 없고, 천년에 한 번 만날 수 있는 곳"이라고 평했다. 정조는 윤선도가 효종의 능지로 추천한 이곳에 사도세자를 모셨다. 이곳은 반룡농주(盤龍弄珠) 형국으로 복룡대지(福龍大地)로서 용(龍)과 혈(穴)과 토질과 물이 더없이 좋고 아름다운 곳이다.

정조는 융릉을 조성하면서 능침 앞에 두던 정자각을 우측으로 비켜 세웠다. 뒤주에 갇혀 죽은 아버지 사도세자가 얼마나 답답했을까를 생각하면서 앞을 비우고 정자각을 우측으로 물린 것이다. 정조는 아버지를 명당에 모시고, 자신도 아버지 곁인 융릉 동쪽 언덕으로 갔다.

그러나 이곳이 풍수적으로 길지가 아니다 하여 효의왕후가 승하하자 융릉의 서쪽 언덕으로 천장하여 합장되었다. 융건릉 일대는 명당의 기운이 흐르고 소나무 숲길이 좋아 많은 사람이 즐겨 찾아오는 인기 명소가 되었다. 융건릉은 조선조 27대 왕릉 중 여주 영릉, 서울의 선정릉, 고양의 서오릉 다음으로 많은 참배객이 찾아오는 곳이다.

▲ 사도세자의 능, 융릉

조선조의 마지막 왕릉, 홍릉과 유릉

고종의 아버지 대원군은 안동 김씨의 세도에 밀린 왕권을 찾고자 아버지 남연군 묘를 연천에서 가야산 아래 예산으로 이장했다. 이장 후 태어난 아들이 고종으로, 철종이 후사가 없이 세상을 떠나자 1863년 조선 26대 왕위에 오르게 되었다. 명성황후의 홍릉은 천장산 아래 청량리, 현재의 홍릉 수목원 자리에 있었다. 고종이 승하하자 남양주로 천장하여 고종과 함께 합장하여 모셔졌다.

그 후 순종이 1926년(순종 3년)에 승하하자 1907년 용마산 아래, 현재의 어린이대공원에 있던 순명왕후를 고종의 홍릉 아래로 천장하여 순종과 합장했다. 1966년 계후 순정왕후가 승하하자 순종이 묻힌 유릉에 모셔 삼합장 능이 되었다. 그러나 유릉은 용맥이 멈추지 않는 과산으로 풍수적으로 보면 5대 불가장지 중의 하나였다. 풍수에서 독산(獨山)[1], 동산(童山)[2], 석산(石山)[3], 단산(斷山)[4], 과산(過山)[5] 등 5곳을 5대 불가장지라고 하는데, 유릉은 산의 능선이 계속 전진하는 과산으로 5

대 불가장지에 해당한다. 518년 조선조는 이로써 막을 내렸다.

조선 왕릉의 유네스코 세계유산 등록

조선 왕릉 42기 중 북한에 있는 2기를 제외하고 40기가 모두 2009년에 유네스코 세계유산으로 등재되었다. 조선 왕조 518년의 27대 왕의 무덤이 모두 보존되고, 조선왕조실록에 기록으로 남아 있다. 왕릉 후보지는 이미 사대부가에서 묘터로 사용한 곳이 대부분으로 왕릉 후보지로 선정되면 기존 묘는 다른 곳으로 이장하고 왕릉이 조성되었다.

왕릉은 영월에 있는 단종릉을 제외하고 십 리 밖, 백 리 안에 자리 잡았다. 왕릉 지역은 숲이 잘 보존되고, 명당의 기운이 흐르고 있어 인기 있는 산책 코스로도 각광받고 있다.

조선 왕릉은 유네스코 유산으로 등재되어 국가에서 체계적으로 관

▼ 순종과 순명황후, 순정황후의 능, 유릉

리되고 있고, 문화해설사도 배치되어 있어 자세한 안내도 받을 수 있다. 40기의 왕릉을 탐방하자면 10일 정도 걸린다. 조선 왕릉 전체를 다 돌아보면 명당을 보는 안목도 생기고, 명당의 기운도 직접 체험할 수 있을 것이다.

---

1) 독산(獨山): 조산(朝山)과 안산(安山) 없이 홀로 있는 산
2) 동산(童山): 초목이 없는 황폐한 산
3) 석산(石山): 돌이나 바위가 많은 산
4) 단산(斷山): 단절된 산
5) 과산(過山): 가로질러 지나가는 산

3) 국립서울현충원의 풍수지리

6·25전쟁 후인 1955년, 43만여 평의 영역에 9만여 평의 국군묘지가 조성되었다. 1965년에 국가유공자 묘역으로 승격되어 국가 원수, 독립유공자, 국가유공자를 안장할 수 있는 국립서울현충원이 되었다. 수차례 답사하고 문헌을 찾아보며 대한민국 최고의 명당, 서울현충원을 풍수적 관점에서 살펴보았다.

국립서울현충원은 이미 470여 년 전에 조선의 11대 왕인 중종의 후궁 창빈 안씨(1499~1549) 묘, 동작릉이 있던 곳에 위치하여 일대가 잘 보존되었다.

조선시대 14명의 왕을 배출한 동작릉

1552년 창빈 안씨의 손자이자 덕흥대원군의 아들인 하성군이 태어났다. 1567년 13대 왕 명종(1534~1567)이 후손 없이 죽자 16세의 하성군이 왕위에 올랐다. 그가 14대 왕 선조(1552~1608)이다. 선조는 후궁의 몸에서 태어나 서자가 왕위에 오른 첫 번째 사례로, 선조가 왕위에 오르자 선조의 할머니가 모셔진 창빈 안씨 묘가 주목을 받게 되었다.

창빈 안씨 묘인 동작릉은 한남정맥이 북쪽으로 올라와 관악산을 일으키고 다시 서달산으로 솟았으며, 좌우로 날개를 펴고 좌청룡 우백호가 감싸주는 중심부에 위치하고 있다. 조선 왕국이 518년간 계속되면서 부계로 태조 이성계의 자손이요, 모계로는 창빈 안씨 이래 제14대 선조부터 27대 순종에 이르기까지 343년간 14명의 왕이 모두 창빈 안씨 후손에서 나왔다.

조선시대 14명의 왕을 배출한 창빈 안씨 묘, 동작릉 ▶
국립서울현충원 현충문 ▼

국립서울현충원은 6·25전쟁으로 국군 희생자가 발생하자 이들을 위한 국군묘지가 필요하게 되었고 우이동, 부평, 시흥, 안양, 용산, 성동구 한강 주변 등을 답사한 끝에 1955년 9월 동작동으로 최종 후보지가 결정되었다. 동작동 일대는 동작릉이 있어 잘 보존되어 있고 국유지이며 풍수적 입지, 거리적 조건이 가장 양호했다. 1965년에 국가유공자까지 모실 수 있는 국가유공자 묘역으로 승격되었고, 이승만 대통령을 시작으로 4명의 대통령과 국가유공자가 현충원에 모셔졌다.

영구음수형의 이승만 대통령 묘

이승만 초대 대통령(1875~1965)이 하와이에서 서거했다. 생전에 고국에 묻히기를 희망하여 한국으로 운구되어 국가유공자 묘역인 국립서울현충원에 안장되었다. 서달산 우측 3차 백호봉(113m)에서 장군

▼ 영구음수형의 이승만 대통령 묘

봉(76m)을 지나 창빈 안씨 묘 100여m 아래에 위치해 있다. 형국론으로 보면 목마른 거북이가 물을 바라보고 내려가는 영구음수형의 풍수적 명당에 해당한다.

장군대좌형의 박정희 대통령 묘

1970년 육영수 여사가 갑자기 서거하자 서울현충원의 가장 윗부분인 서달산 우측 1차 백호봉 공작봉(159m) 아래 장군봉이 보이는 곳에 모셔졌다. 지창용 선생이 소점했다. 묘역 바로 상부에 혈장이 있지만, 국이 좁아 부득이 아래에 묘지를 조성했다. 당시 공작이 알을 품고 있는 공작포란형의 명당으로 보고 묘를 썼는데, 너무 낮은 곳이라 물의 침범이 염려되었다.

풍수적으로 좋지 않다고 하여 이장을 권유하자 박정희 대통령

▼ 장군대좌형의 박정희 대통령 묘

(1917~1979)은 명당이 아닐지라도 이곳을 떠나면 나라를 위해 목숨을 바친 수많은 호국영령을 어떻게 볼 것이냐고 일축하며 자리를 지켰고, 1979년 본인도 같은 장소에 영면했다. 몇 차례 배수 공사를 했다. 공작봉을 배산으로 장군봉을 바라보며 주위의 산이 환포하니 공작포란형으로 보기보다는 장군대좌형에 가깝다고 볼 수 있다.

창빈 안씨 묘와 인접한 김대중 대통령 묘

김대중 대통령(1924~2009)은 서울현충원이 만장이 되어 대전현충원으로 가야 했지만, 서울현충원에 묻히기를 원했다. 그래서 공작봉 기슭에서 한강을 내려다볼 수 있는 국가유공자 제1묘역 하단에서 자리를 찾았다. 박정희 대통령 묘와 350m, 이승만 대통령 묘와 100m, 창빈 안씨 묘 바로 우측이다.

자리가 협소하여 출입구는 옆으로 돌렸고, 올림픽공원 백제박물관

▼창빈 안씨 묘와 인접한 김대중 대통령 묘

터파기 공사에서 나온 생토를 25톤 트럭으로 50대분을 가져와 평탄 작업을 했다. 이곳은 황영웅 교수가 소점했다. 동작릉에서 보면 물은 우에서 좌로 도수하고, 좌측의 창빈 안씨 묘역 끝자락이 좌에서 우로 거수하니 자리는 좁지만, 생기는 응결될 수 있는 곳이라고 본 것 같다.

봉황포란형의 명당, 김영삼 대통령 묘

김영삼 대통령(1927~2015)의 묘는 서달산 좌측 1차 청룡봉(176m)에서 출발하여 도선국사가 창건했다는 지장사를 지나 2차 청룡봉(239m)이 우측에 3장군 묘역을 품에 안은 회룡고조형의 자리이다.

입수룡은 양맥으로 강하게 입수하며, 장군봉이 안산이 되고 관악산 제1봉이 조산이 되는 남향판의 양명한 곳이다. 묘역 공사 시 이곳에서 둥근 알돌이 20여 개가 나왔는데, 청룡에서 5개, 백호에서 12개, 혈처에서 천광(穿壙) 중 3개가 나왔다. 동작동은 봉황이 날개를 편 봉

▼ 봉황포란형의 김영삼 대통령 묘

황의 형국인데, 김영삼 대통령 묘역에서 봉황 알에 해당하는 알돌이 나왔다.

물형론적 풍수 이론에서는 산의 형상에 따라 반드시 관련 모양의 사물이 함께 있어야 한다. 스님 형상에서는 사리가, 용의 형상에서는 여의주가, 봉황형에서는 봉황 알이 함께 나와야 한다. 김영삼 대통령 묘역에서 알돌이 나왔으니 풍수 고전서에서 말하는 봉황포란형이라 할 수 있다. 알은 땅속에 다시 묻어야 기운이 발동한다고 한다.

◀ 생사고락을 함께한 병사 묘에 묻힌 채명신 장군 묘
▼ 대통령의 묘들은 봉황의 품 안에 안겨 있는 형국이다.

봉황의 품에 안겨 있는 대통령 묘역들

서울현충원은 공작이 알을 품은 듯한데 서달산이 주산, 반포 섬이 안산이 되고 한강 물을 조수하며 좌청룡 우백호로 둥글게 환포한다. 공작봉 아래 청룡과 백호의 양 날개는 봉황의 날개와 같다. 박정희 대통령 묘역은 봉황의 머리에 해당하고, 김영삼 대통령 묘역은 좌측 날개, 김대중 대통령 묘역은 우측 날개, 이승만 대통령 묘역은 봉황의 가슴에 해당한다. 모두 봉황의 품 안에 있다.

서울현충원은 4명의 대통령과 355명의 장군, 수만 명의 국가유공자와 병사들이 잠들어 있는 국가유공자 묘역이다. 창빈 안씨 묘와 초대 이승만 대통령 묘가 중앙에 있고, 나라를 중흥시킨 박정희 대통령이 가장 위쪽에, 김영삼 대통령과 김대중 대통령이 좌우에 위치하며, 박정희 대통령 묘와 김영삼 대통령 묘, 김대중 대통령 묘는 신자진(申子辰) 삼합(三合)을 이룬다. 그리고 병사들 묘는 4명의 대통령과 장군, 국가유공자들의 호위를 받으며 대명당 지역에 자리 잡았다. 주월 사령관을 지낸 채명신 장군은 대전현충원의 장군 묘역에 갈 수 있었지만, 월남 전쟁터에서 생사고락을 함께한 병사들과 함께하겠다 하여 서울현충원의 병사 묘역의 1평에 묻혔다. 이후 서울현충원의 장군 묘역 중에서 가장 주목받는 곳이 되었고, 참배객도 가장 많은 곳이 되었다.

시민들이 즐겨 찾는 힐링 공간

서울현충원은 동작역과 연결되어 접근하기 쉽고, 철 따라 피는 꽃이 아름다워 국가유공자를 참배하며 산책하는 힐링 공간의 역할을 하고 있다.

서울현충원은 만장이 되어 더는 대통령과 국가유공자를 모시기 어렵다고 하지만, 이곳을 정비하여 후대 대통령을 더 많이 모셔 그들의 업적을 기리고 평가받을 수 있도록 했으면 좋겠다. 나라를 빛낸 대통령이 이곳에 와야 서울현충원이 더욱 빛나고 나라를 위해 목숨을 바친 이들이 외롭지 않을 것이다.

3. 배산임수의 최적지, 부자 동네

1) 서울의 부자 동네, 강남

50여 년 전 서울의 강남땅은 영동이라 했다. 영동은 영등포의 동쪽이라는 의미이다. 100여 년 전 경부선 철로를 놓을 때, 영동 지역은 관악산과 청계산이 막고 있어 철도가 개설되지 못하고 안양천변을 따라 영등포를 지나 서울역으로 개설되었다. 영동 지역이 개발되기 전 서울의 강남은 영등포, 노량진 일대였다. 그러나 영동 지역이 개발되면서 강남의 이름은 영동 지역이 가져갔다.

강남의 탄생

50여 년 전 경부고속도로가 개통되면서 제3한강교가 놓였고, 영동 지역은 한강의 남쪽 지역이라 강남이라고 불리기 시작했다. 사대문 안이 500만여 평에 불과했는데, 강남 지역을 개발하면서 반포동에서 삼성동까지 900만여 평이나 되었다. 강남의 땅은 저지대로 구릉에 싸여 과수원과 묘지 등 넓은 벌판을 이루고 있었다.

이곳에 경부고속도로 좌우로 사통팔달의 격자형 도로를 내고 주택단지를 본격적으로 조성했다. 강북의 사대문 안에 있는 명문 학교를 강남으로 이전하고, 주요 기업들도 강남에 진출하기 시작했다. 그 당시는 남북 대치 상황이라 한강 이남에 대한 안보 심리가 강남을 주거단지로 만드는 데 심적 안정감을 주기도 했다.

풍수적 관점에서 보면 강남은 사대문 안이 산으로 둘러싸여 있음에 비해 물로 둘러싸여 있어 또 다른 장점을 갖고 있었다. 풍수에서는 물을 재물로 보며 산으로 둘러싸인 것 못지않게 물로 둘러싸인 것을 더 좋게 해석한다. 서초구, 강남구는 과천에서 발원한 양재천이 서출동류하여 동쪽에서 탄천과 합류한 후 한강을 만나 서초와 강남땅을 물로

▼ 양재천

써 감싸주니 생기가 온전히 보전되는 재물의 땅이다.

송파는 남한산성을 배산으로 좌로 탄천이, 우로 성내천이 흘러 한강과 합수한다. 3면이 물로 싸여 있고, 잠실에는 잠실도가 있어 풍수적 대명당의 요건을 갖추었다. 서울의 25개 구청 중 물로써 가장 잘 감싸준 곳이 서초, 강남, 송파 지역이다.

최고 노른자위 땅, 압구정동

압구정동은 조선조 세조 때부터 성종 때까지 영의정을 지낸 한명회(1417~1487)의 정자가 있던 곳이다. 한명회는 한강을 건너 경치 좋은 곳에 '갈매기와 친하다'는 뜻의 자신의 호를 따서 '압구정(狎鷗亭)'이라는 정자를 지었다. 압구정에서 명나라 사신이 오면 호화로운 잔치를

▼ 압구정동

베풀어 접대했다.

그런데 이곳에 관심을 다시 가진 사람은 현대그룹의 정주영 회장(1915~2001)이었다. 현대건설이 경부고속도로 건설대금을 압구정동 공유수면의 서울시 땅을 받아 매립하여 아파트 단지를 개발하기 시작했다. 값싸게 인수한 땅 위에 회사 브랜드를 붙여서 분양하기 시작했는데 대성공이었다. 현대에 이어 한양, 미성 등도 회사 브랜드를 걸고 아파트를 짓기 시작했다.

풍수적으로 모래땅이라 단독주택은 모래 위에 지은 집이 되지만, 대형 아파트는 모래 바닥을 지나 반석 위에 기초를 세우니 반석 위에 지은 집이요, 논현동을 배산으로 신사동과 청담동의 언덕이 감싸주고 앞으로 한강 물이 궁수(弓水)로 환포하니 수천 년 동안 수기(水氣)가 쌓여 형성된 노른자위의 땅이 되었다. 이곳에 입주한 사람들은 강남의 최고 부자 위치에 올랐다.

강남의 대표적 명당, 서초동과 반포동

서초구는 관악산 기슭에서 발원한 양재천과 청계산 기슭에서 발원한 여의천이 합수하는 양재천변과 관악산에서 남태령을 거쳐 분기한 우면산이 서초구와 강남구로 뻗어가면서 구릉지를 형성하여 만들어진 명당 지역이다. 강남의 중심지인 강남역 일대는 양재역, 역삼역, 논현역, 교대역 등 동서남북 사방에서 물이 모여드는 곳이다. 물이 모이는 곳에 사람들이 모여들면서 유동인구가 증가하고 상권이 형성된다. 강남역에 서초 삼성타운이 자리 잡았고, 한 치가 높은 서초동 일대는 대법원, 검찰청 등 법조 단지가 들어섰다. 반포천이 흘러드는 반포 지역은 일찍이 고속버스 터미널이 들어왔고, 백화점 등 유통시설이 활

▲ 서초 삼성타운

성화되었다.

 반포동 일대는 예전에 포구가 있던 곳이며, 반포천과 사당천이 흘러드는 지대가 낮은 곳이다. 수구 쪽은 흑석동으로 올라가는 언덕이 물길을 막아주고, 반포천은 한강 물길을 거스르며 반포동 일대를 감싸 안는다. 물이 나가는 북서쪽 한강변이 허전했는데 최근에 옛 건물을 헐어내고 고층아파트가 에워싸게 되어 서초구 일대가 한강변으로 산이 새로 생긴 형상이 되었다. 산이 하나만 있으면 바람에 노출된다. 고층아파트가 집단으로 들어서니 서로가 의지하며 바람을 막아준다. 서초구 전체로 보면 수구와 바람길을 막아주니 더욱 아늑한 동네가 되었다.

부촌의 조건을 충족한 청담동과 삼성동

 청담동과 삼성동은 서고동저(西高東低)의 지형으로 동출서류(東出西

▲ 봉은사

流)하는 한강 물과 역세(逆勢)하는 산세와 물길이 형성되었다. 청담동 일대는 주거 중심으로 발달했고, 삼성동 일대는 주거, 업무, 상업의 복합지구로 자리 잡았다.

  삼성동 일대는 역삼역을 배산으로 좌로는 경기고등학교로 이어지는 언덕과 우로 휘문고 능선이 뻗어가는 대치 언덕이 있고, 서출동류(西出東流)하는 양재천이 남출북류(南出北流)하는 탄천과 합류 후 다시 한강과 만나 삼수(三水)가 합수한다. 물이 모이는 곳으로 부촌의 조건을 충족하고 있다.

  삼성동 일대에 가장 먼저 둥지를 튼 곳은 도심 속의 천년 고찰 봉은사다. 794년 신라 원성왕 때 창건되었다. 조선조 때 성종(선릉)과 중종(정릉)의 능이 이곳에 들어오면서 선정릉을 지키는 능침 사찰이 되어 10만여 평이 넘는 땅을 하사받았다. 이 때문에 '은혜를 받든다'는 뜻의 봉은사로 개명했다. 강남이 개발되면서 무역센터, 아셈타워, 한전 등이 들어섰고, 최근에 현대자동차 신사옥이 건축 중이며, GTX가 건설되는 강남의 핵심요지가 되었다.

물로 둘러싸인 명당국, 송파구 일대

서울의 송파구는 남한산성을 배산으로 좌로는 탄천, 우로 성내천이 남출북류하여 한강과 합수하며 완벽하게 물로 둘러싸인 명당국으로 득수국(得水國)을 이룬다. 송파 일대는 옛날 백제의 수도로 1천 년 이상의 역사를 이어왔다.

잠실 지역은 1970년대 이전까지 여의도와 같은 섬 지역이었다. 물형으로 보면 행주형 형국이다. 잠실을 개발하면서 한강 물길을 직선으로 하고 잠실 일대를 매립했다. 그때 올림픽공원을 허물어 매립하고자 했으나 백제 문화재가 발굴되어 올림픽공원이 살아났다. 그 후 올림픽을 유치하게 되어 공원을 조성했다. 잠실은 올림픽 경기를 치르면서 도로도 정비되고 공원도 많이 조성되어 서울의 여러 구(區) 중 가장 많은 공원을 보유하게 되었다.

최근에 잠실도 섬이 있던 곳에 123층의 롯데타워가 건축되면서 사람들이 몰려들기 시작했다. 행주형 형국에 555m의 높은 빌딩이 들어섰으니 서울 시내 어디에서나 조망되며 서울의 랜드마크가 되었다. 드디어 돛을 달고 오대양 육대주로 항해하는 선단의 역할을 담당하는 곳이 송파구가 된 것이다. 롯데타워의 건축으로 송파의 가치는 더욱 상승하는 계기를 맞았다.

러시아에서 온 관광객의 이야기를 들어보니 재미났다. 오전에는 용인 민속촌에 가서 옛날의 모습을 보았는데, 자기들 나라의 옛날 모습과 비슷했다고 한다. 오후에는 잠실에 와서 롯데타워에 올라보니 새

▲ 잠실 롯데타워

로운 미래 세계를 보는 것 같았다고 했다. 과거와 미래를 동시에 볼 수 있어 한국 여행이 더욱 즐거웠다고 했다.

강남의 대표적 명당

강남 지역에서 대표적 명당은 어디일까. 동네의 선택이 중요하다. 동네의 동(洞) 자는 '물 수(水)' 변과 '한 가지 동(同)' 자가 합쳐진 글자로, 한 물을 먹는 사람들이 모여 사는 곳을 의미한다. 그러므로 한 치가 높은 곳을 의지하여 물이 모여드는 동네의 안쪽에 있는 곳을 찾아야 한다. 서울의 대표적 명당에 자리 잡은 아파트 단지를 풍수 전문가들에게 추천해 보라고 했다. 가장 많은 추천을 받은 곳이 압구정동 현대아파트였다. 다음으로 도곡동 타워팰리스, 삼성동 현대아이파크, 문정동 문정래미안, 잠실동 아시아선수촌, 오륜동 올림픽선수촌아파트 등이 추천되었다.

기업의 터로 구룡산 아래 여의천이 조수하는 양재동의 현대자동차 터가 명당으로 꼽힌다. 양재천, 탄천, 한강의 삼수가 합수되는 삼성동 현대자동차 신규 사옥 터도 풍수적 대명당으로 꼽힌다. 또 강남역에 자리 잡은 서초동 삼성타운은 양재역, 역삼역, 논현역, 교대역 등 동서남북 사방에서 물이 모여들어 물이 모이는 명당터에 자리 잡고 있다.

2) 50여 개 하천이 모여드는 부자 마을, 분당

풍수지리(風水地理)란 바람과 물의 작용으로 바람과 물이 땅과 어울리는 이치를 말한다. 풍수를 장풍득수(藏風得水)라고도 한다. 장풍득수란 바람을 갈무리하고 물을 얻는다는 의미에서 유래되었다. 바람과 물의 작용에 따라 땅의 기운은 다르게 나타난다. 어떤 곳이 바람을 갈무리하고 생기가 모이는지 여러 요인들이 많지만, 이것을 크게 보면 용혈사수(龍穴砂水)로 압축된다.

풍수지리의 기본 원리, 용혈사수

용(龍)이라 함은 산의 능선으로 좌우굴곡, 상하기복 등 변화가 있어

▼ 풍수의 원리가 잘 갖추어진 분지형의 마을, 분당

야 살아 있는 생룡(生龍)이며, 변화가 없으면 죽은 용, 사룡(死龍)이라 했다. 생기는 한 치가 높은 곳을 타고 흐르므로 용맥을 타거나 어머니의 탯줄이 연결되듯 용맥과 연결되어야 한다.

혈(穴)이란 생기가 모이는 곳이다. 생기가 흐르는 산의 능선이 물을 만나면 계수즉지(界水則止)라 하여 생기가 모인다. 산의 능선, 용맥이 멈추는 곳에 마을이 들어서고 용맥의 끝자락에 묘자리가 들어선다.

사(砂)라고 함은 주변에 있는 산봉우리로 뒤에 있는 산을 후현무, 앞에 있는 산은 남주작, 좌우에 있는 산을 좌청룡, 우백호라 한다. 사신사는 주산으로부터 오는 생기가 흩어지지 않고 모이도록 하며, 상호 반사와 조응작용으로 생기를 모으는 역할을 한다.

수(水)는 생기를 멎게 하고 보호하는 역할을 한다. 천 리를 달려온 용이 물을 만나야 멈추게 되며, 주변의 사들이 서로 조응작용을 하면서 생기가 응집된다.

풍수 원리가 잘 갖추어진 곳이 분당이다. 분당은 노태우 대통령 시절 주택 부족을 해결하기 위해 만들어진 신도시로, 신도시 중 가장 빠르게 성장해 왔다. 지난 10여 년간 국내 문화탐방을 진행했는데 서초, 강남, 송파 등 서울 강남에 버스 2대, 분당에 1대를 배치할 정도로 분당에서 참석하는 사람이 많았다. 풍수적으로 접근해 보면 분당이 생기가 모이는 곳이라 사람들이 모여들고 생활도 여유로웠다.

산이 둘러싸는 장풍국의 분지형 마을

마을이 형성되려면 첫 번째로 마을에 지기(地氣)를 공급해 주는 주산이 든든해야 하고, 바람을 막아주는 산이 있어야 한다. 분당은 한남정맥이 속리산에서 북진하여 안성 칠장산을 지나 할미성에서 산맥이 갈라진다. 하나는 북쪽으로 진행하여 불곡산, 영장산, 검단산을 거쳐 청량산으로 이어지고, 다른 하나는 서쪽으로 행진하여 수지의 소실봉, 형제봉을 지나 광교산, 백운산, 바라산, 청계산, 인능산으로 이어져서 분당의 동쪽 산과 서쪽 산을 형성한다.

분당은 사방이 산으로 둘러싸인 장풍국의 분지형 마을임을 보여준다. 분당의 주산은 불곡산으로 불곡산에서 분당 일대에 기운을 공급해주고 있다. 분당은 사방으로 산이 둘러싸여 있어 웬만히 높은 빌딩도 바람으로부터 보호를 받는다. 바람에 생기가 흩어지지 않고 갈무리되므로 생기가 응집된다.

50개의 물길이 모여드는 분당의 탄천

풍수에서 물은 재물이요, 물이 깊은 곳에 부자들이 살고, 물이 얕은 곳은 가난하다고 한다. 분당 중앙을 가로지르는 탄천은 동서 양쪽의 계곡에서 50여 개의 하천이 모여든다. 물이 들어오는 것은 득수(得水)라 하고, 물이 나가는 것을 소수(消水)라고 한다. 물이 들어오는 득수는 많고, 물이 나가는 소수는 성남비행장 쪽으로 좁고 하나여서 분당은 지형상 부자 동네이다. 들어오는 돈은 여러 곳으로 많고, 나가는 곳은 하나로 좁으니 생기가 응집되고, 사람들이 모여들고 돈도 계속 늘어난다.

분당의 중심을 관통하는 탄천은 행주형 형국이다. 탄천은 여러 군데서 물이 모여들어 남출북류(南出北流)하며 한강으로 흘러든다. 여러 물이 모여 시가지 중심을 통과하면 풍수에서 '배가 출항하는 것을 멈추게 하는 형국'의 행주형(行舟型)이라 부르며, 재화와 사람이 풍성히 모이는 번창할 땅이라 한다.

행주형의 형국은 키, 돛대, 닻을 구비해야 완성된다고 보며, 이러한 조형물이나 건물들이 있으면 부자의 기운이 더욱 왕성해진다. 정자동 일대의 고층건물들이 그러한 역할을 일부 담당한다. 행주형은 사람이 모여 사는 마을 터로 제일로 손꼽는다. 따라서 분당은 사람이 많이 모여 부자가 될 산천지세를 갖춘 땅이다. 여기에 키, 돛대, 닻을 상징하는 조형물을 두루 설치한다면 행주형 부자 기운이 분당 주민 모두에게 오래도록 왕성히 미칠 것이다.

분당의 탄천은 낙동강의 축소판

낙동강은 태백의 황지에서 발원하여 좌로 낙동정맥, 우로 백두대간이 지리산까지 뻗어가면서 경상도 일원의 물들이 낙동강으로 다 모여든다. 한남정맥이 용인의 할미성에서 분당의 동쪽과 서쪽으로 뻗어가

▼ 50여 개 하천이 모인 탄천이 시내 중심지를 관통한다.

며 분당을 분지형으로 만들어 분당 일대의 50여 개 하천이 탄천으로 모여든다.

산과 물이 모여드는 곳에 동네와 상권이 형성되고, 물이 한곳으로 모여 힘도 하나로 합쳐진다. 산관인정(山官人丁) 수관재물(水官財物), 즉 산에서 인물 나고 물에서 재물이 난다고 한다. 산이 모여들고 물이 모여드는 경상도에서 인물과 재물이 나왔듯이 산과 물이 모여드는 분당에서도 인물이 나고 부자가 날 것이다.

분당천이 감싸 도는 한산 이씨 500년 세거지

분당의 중앙에 자리 잡은 중앙공원은 분당의 대표적 명당 지역에 해당한다. 영장산에서 이어진 매지봉을 주산으로 한 중앙공원에는 고려 말 문신인 이색의 4대 손자이자 이지함의 조부인 이장윤(1455~1528)과 그의 후손들이 이곳에 모셔져 있고, 한산 이씨 집성촌이 이곳에서

▲ 분당 중앙공원 한산 이씨 500년 세거지 수내동 가옥

500년을 이어왔다.

분당이 개발되면서도 한산 이씨 500년 세거지는 공원으로 보존되었다. 평지 지역에 작은 봉우리가 솟았고, 봉우리를 배산으로 분당천이 궁수로 감싸 돌면서 앞으로 넓은 터전이 펼쳐지는 풍수적 명당 마을이다. 지금도 이곳 주변 마을은 분당에서 가장 선호하는 마을이 되었다.

용맥을 터널로 살려낸 의령 남씨 묘

분당에서 수서로 가는 분당·수서간 고속화도로를 타고 가면 가천대 앞에서 두 개의 터널을 지나게 된다. 무심코 지나기도 하지만 왜 이렇게 터널을 만들었을까를 생각하게 한다.

터널 가운데 좌측을 보면 커다란 묘가 있다. 묘의 주인은 조선조의 개국공신 의령 남씨 남재 선생의 아들 남경문의 묘이다. 남경문은 26

▲ 청룡과 백호의 용맥을 터널로 살려낸 의령 남씨 조상묘 앞의 분당·수서 간 고속화도로. 생기를 보존하기 위한 문중의 노력이 돋보인다.

세에 요절하여 이곳에 모셔졌는데 그의 장남은 좌의정을 지냈고, 차남은 직제국을 역임했으며, 3남은 창령 부곡관을 했는데 남이 장군의 할아버지다.

성남시 수진동, 태평동 일대를 개발하면서 의령 남씨 묘 500여 기를 지방으로 이장하게 되었는데, 남경문 묘만 살렸다. 분당 신도시가 개발되면서 고속도로 건설로 청룡·백호 자락이 잘려나갈 위험에 닥쳤다.

문중의 대의원들이 서울에 올라오고 문중 회장을 중심으로 관계 기관을 설득하여 문중 대표 산소의 청룡·백호 자락을 절개지로 두지 않고 터널로 맥을 살려냈다. 생태계를 확보하기 위해 터널을 만들고 산맥을 잇는 경우는 가끔 보지만, 문중 묘를 위해 청룡·백호를 살린 예는 매우 드문데, 여기가 바로 그 현장이다. 남경문 묘는 청룡·백호 안자락에 위치하며 앞으로 분당·수서 간 고속화도로, 서울외곽순환고속도로가 횡류하며 지나가니 기(氣)의 갈무리가 더욱 잘 되는 곳으로 변했다.

명당에 자리 잡은 한국학중앙연구원

판교에 가면 국사봉 아래 한국학중앙연구원이 있다. 한국학중앙연구원의 전신은 정신문화연구원이다. 터를 잡을 때 최종 후보지로 오른 곳이 양재, 성남(판교), 이천 등 세 곳이었다. 세 곳의 입지를 검토한 결과 풍수적으로 가장 뛰어난 곳으로 당시 박정희 대통령이 이곳을 정신문화연구원으로 선택했다.

한국학중앙연구원이 있는 곳은 청계산 국사봉을 배산으로 산이 병풍처럼 둘러주며, 용맥이 몇 번의 기봉을 거쳐 내려온다. 또한 운중천이 우에서 좌로 서출동류하는 천하의 대명당이다. 물형으로 보면 선인이 독서하는 선인독서형의 명당이며, 양택의 3요소인 배산임수, 전저

▲ 청계산 국사봉 아래 명당에 자리 잡은 한국학중앙연구원. 이곳의 입지를 정할 때 여러 후보지 중 풍수적 입지가 가장 뛰어난 곳이라 하여 선정되었다.

후고, 전착후관이 잘 갖추어진 곳이다.

배산임수(背山臨水)란 뒤에 산을 등지고, 앞에는 물을 마주하는 형세다. 이런 곳에서 큰 인물이 나고 부귀가 있다고 한다. 전저후고(前低後高)란 뒤가 높고, 앞이 낮아야 한다는 의미다. 전저후고에서 출세 영웅이 난다. 전착후관(前窄後寬)이란 입구는 좁으나 안은 넓은 곳을 말하며, 수구가 좁게 닫혀 있어야 생기가 빠져나가지 않는다.

분당의 또 다른 명당 지역에 자리 잡은 곳이 서울대 분당병원이다. 불곡산을 배산으로 서울대 분당병원으로 앞에서는 탄천이 들어오고 주변의 산들과 병원의 입지가 잘 어우러진다.

최근 주변에 병원부지를 추가로 확보하여 한국의 의료산업을 한 단계 성장시킬 계획을 세웠는데, 분당의 서울대병원이 세계의 의료산업의 메카가 되기를 기원한다.

개발 초기 분당은 베드타운으로 시작했다. 오늘의 분당은 판교가 개발되면서 자급자족의 기능을 갖춘 복합도시로 바뀌고 있다. 사방에서 물이 모여들고, 산이 둘러 있어 바람을 막아주며, 수구(水口)가 닫혀 있어 재물이 보전되니 사업하는 사람들에게 분당은 주목할만한 땅이 될 것이다.

3) 서울의 보배섬, 여의도

여의도는 서울이 주택난에 시달리자 밤섬을 폭파하여 둑을 쌓고 택지 지구로 확장한 곳이다. 조선시대에는 '너나 가지라'는 의미의 '너 여(汝)' 자를 써서 여의도라고 불렀는데, 농사를 짓던 시대에는 보잘것없는 땅이었다.

일제강점기 때 비행장을 건설하면서 중요한 기능을 수행했고, 비행장이 김포로 옮겨 간 후 여의도에 택지 개발을 하여 우리나라 최초의 아파트가 들어섰다.

세 가지가 흥하는 곳

서울의 한강에는 크고 작은 섬들이 많았다. 가장 큰 섬이 여의도와 밤섬이었다. 강에 있어 섬은 물길을 직류로 흐르지 않고 곡류로 흐르도록 조절하는 역할을 한다. 풍수에서 섬은 나성(羅星)이라 하여 매우 길하게 해석한다. 물이 나가는 수구(水口) 방향에 나성이 있어 물이 쉽게 빠져나가지 않고 조절해 주면 매우 좋다고 본다. 그런데 한강이 개발되면서 많은 섬이 사라졌다.

그중에 대표적인 것이 밤섬이었다. 1968년 택지가 부족하자 여의도를 택지로 개발하면서 한강 물의 유속을 느리게 하는 밤섬을 폭파하여 여의도 윤중제를 쌓는 자재로 활용했다. 당시 밤섬에 62가구 443명이 거주했다. 이들을 마포의 와우산 아래로 이주시키고 섬을 폭파했다. 대부분 물에 잠겨서 섬이 거의 없어졌다. 50여 년이 지난 지금 다시 토사가 쌓여 밤섬은 폭파 후 모습의 8배 이상으로 커졌다.

▲ 여의도 국회의사당, 뒤에 산이 없어 배산이 약하므로 국민들의 지지가 약하다고 한다.

　여의도는 예전에 영등포에 붙어 있는 땅이었다. 여의도를 개발하면서 홍수를 조절하기 위해 샛강을 두어 사방이 물로 둘러싸인 섬이 되었다. 섬들은 바닥이 반석이고, 모래흙이 쌓여서 사방이 물로 둘러싸므로 생기를 보전하기 때문에, 잘사는 부촌마을이 대부분이다. 여의도, 강화도, 제주도, 거제도, 울릉도, 진도, 완도 등 대부분 잘 사는 동네가 아닌가.

　여의도는 타원형의 섬이다. '너 여(汝)' 자는 '삼 수(氵)' 변에 '계집 여(女)' 자인데, 예전에는 '너나 가지라'는 의미에서 여의도라고 불렀지만, 오늘날에는 세 가지가 흥하는 곳이라고 해석한다. 정치, 언론, 금융을 말하는데, 이 세 가지는 물과 관계된다. 그래서 국회의사당, 증권거래소 등 금융기관, KBS 등 언론 방송기관이 자리하고 있는 것이다.

▲ 여의도 앞의 밤섬. 여의도 개발 시 폭파해 없애 버렸지만, 다시 토사가 쌓이면서 도심 속의 철새 도래지가 되었다.

트럼프가 점찍은 여의도

여의도는 수천 년 동안 수기(水氣)가 모여서 만들어진 땅이다. 지하는 반석이고, 반석 위에 수많은 고층빌딩이 들어섰다. 여의도는 풍수형국으로 보면 행주형(行舟形)으로 배에 짐을 가득 싣고 항해하는 모습이다. 63빌딩이 돛대의 역할을 하고, 빌딩들은 배에 실은 금은보화의 역할을 한다.

또한 여의도는 사방으로 물이 감싸기 때문에 연화부수형(蓮花浮水形)으로도 본다. 연화부수형은 꽃 수술이 있는 가운데가 핵심인데, LG그룹은 창업주의 호 연암(蓮庵)에 걸맞게 여의도 중심부에서 둥지를 틀었다.

여의도순복음교회는 여의도 개발 초기에 여의도에서 개척자 역할을 하며 세계에서 가장 큰 교회로 성장했다. 여의도 중심부에 납작 엎드려 지하에 대성전을 마련했다. 여의도는 강바람이 센데, 가장 낮게 엎드렸으니 풍수적으로는 잘 맞게 배치했다. 성도들이 구름같이 모여들고, 곳간도 차고 넘치는 대형교회가 되었다.

여의도를 중시한 인물은 세계적인 부동산 투자가인 미국의 트럼프 전 대통령이다. 트럼프는 한국 부동산에 투자하면서 여의도와 용산 입구에 랜드마크 빌딩을 지었다. 당시 홍콩의 풍수사를 대동하고 부동산 풍수 마케팅을 시도했다. 트럼프의 눈에 용산과 여의도가 주목할 만한 땅이었던 것이다.

다시 자라나는 밤섬

용산에서 여의도를 보면 여의도는 여의주이고, 용산은 용의 몸통과 머리에 해당한다. 여의도와 밤섬이 서로 자웅을 겨루는데, 밤섬은 폭파되고 여의도의 승리로 끝이 났다. 다른 한편에서 보면 여의도는 서울의 중심부로 배꼽 부분에 해당한다.

배꼽은 어떤 역할을 하는가. 국회와 언론기관의 역할이 분명해졌다. 국민 여론을 담아내고 소화해서 영양분으로 만들어야 하는 것이다. 여의주 역할에 충실할 것인가, 배꼽 역할에 충실할 것인가. 후자가 되었으면 좋을 것 같다.

밤섬은 여의도 개발 당시 파괴되었지만, 다시 자라고 있다. 50여 년 만에 8배로 자라났다. 한때 여의도와 밤섬은 강물이 차면 섬이 되고, 강물이 빠지면 연육으로 연결되어 걸어가던 곳이었다. 여의도에서 보면 밤섬은 여의도의 안산 역할을 한다. 안산은 물이 빠지는 것을 비보하기도 하고, 바람을 막아주는 역할도 한다. 안산이 있고 없고는 많은 차이가 있다.

▲ 트럼프 전 대통령은 여의도 입구에 트럼프타워를 짓고 풍수 마케팅을 시도했다.

여의도가 제 역할을 하려면 밤섬이 있어 물도 조절하고, 바람도 막아주어야 한다. 사람들은 섬을 없애버렸지만, 다시 흙이 쌓여 지금은 철새 도래지로 거듭나고 있다. 인간은 자연의 순리를 이길 수 없다. 자연의 힘은 위대하다. 밤섬이 더욱 자라 여의도의 안산이 되고 한강의 수구막이가 되어 여의도가 더욱 보배로운 땅이 되기를 바란다.

4) 홍콩과 한국의 풍수 이야기

100여 년 전의 홍콩과 한국은 세계적으로 주목을 받지 못한 곳이었다. 최근 100여 년 동안 비약적으로 발전했다. 풍수적으로 보면 홍콩은 중국 본토 끝자락이 남쪽으로 뻗어 바다에 잠긴 섬 도시였다. 조그마한 섬마을이 영국이 통치한 지 100여 년이 안 되어 국제적 도시로 성장했다.

한국은 중국 본토 동쪽으로 백두산이 치솟아 3면이 바다로 반도를 이루며 뻗은 끝자락이다. 이곳에 조선이 개국하면서 한양에 도읍을 정한 후, 이씨 왕조가 518년간 지속되었고, 대한민국 정부가 수립된 지 100년이 안 되어 세계 경제대국 10위권에 들었다.

홍콩의 풍수를 찾아 떠나다

홍콩 풍수학회의 안내를 받아 홍콩의 명당 지역과 부자 동네, 풍수 스토리 빌딩을 탐방했다. 홍콩은 아편전쟁(1839~1842)으로 영국에 할애되었다. 영국은 1898년 99년간 조차권을 얻어 1997년까지 100여 년간 홍콩을 지배했다. 아주 작은 어촌마을에 불과하던 홍콩은 영국의 통치하에서 100여 년 만에 세계적인 국제 금융도시로 발전했다.

중국에서는 진나라 이후 풍수가 성행해 매우 중요한 위치를 차지했으나, 본토에 공산당 정권이 들어서면서 풍수가 단절되었다. 홍콩은 영국의 지배하에서도 풍수가 끊어지지 않고 면면히 이어져 왔다. 오히려 풍수를 도시계획과 빌딩 건축에 반영하여 풍수 스토리를 전개했고, 유럽, 미국 등 해외로 홍콩의 풍수가 전파되었다.

홍콩을 이루고 있는 반도와 섬들은 부분적으로 광동성 동부에서 남서쪽으로 뻗어나온 산맥이 바다에 잠긴 부분이다. 홍콩은 수많은 산봉우리가 솟아 있으며, 260여 개의 섬이 있어 천혜의 풍수적 자연환경을 갖추고 있는 곳이다.

풍수는 배산임수(背山臨水)와 장풍득수(藏風得水)를 기본으로 한다. 배산임수는 뒤로 산을 등지고, 앞으로 물을 내려다보는 지세를 갖춘 터로써, 풍수에서 산은 인물을 관장하고 물은 재물을 관장한다. 장풍득수 역시 바람을 막아주는 산이 있고, 산이 물을 만나야 한다. 홍콩은 산과 물이 조화되니 인물도 나고, 재물도 풍부한 풍수 환경을 갖추었다.

홍콩 센트럴 지역의 풍수 논쟁

홍콩의 주산은 빅토리아산이다. 빅토리아산에 피크 트램을 타고 오르면 홍콩 시내를 한눈에 내려다볼 수 있다. 홍콩의 중심가를 이루는 센트럴 지역은 수많은 고층빌딩이 들어서며 아시아 지역 금융시장의 중심이 되고 있다. 홍콩 중심부에 영국계 은행인 HSBC은행과 중국은행이 있다. 풍수 논쟁의 중심에 있으며, 홍콩의 풍수를 세계로 전파하는 본산이 되고 있다.

중국은행을 지으면서 전통적인 HSBC은행을 누르기 위해 칼날 모양으로 지었고, HSBC은행은 여기에 대비해 옥상에 중국은행을 향해 대포를 설치했다. 홍콩 시내에는 180m를 넘는 초고층건물들이 120여 개가 있다. 제각각 모양을 달리하며 풍수사상을 건물에 담아 풍수 스토리를 전개하고 있다.

새 부리 모양의 해이 반도와 사자바위

홍콩의 부자 마을 중 하나가 새 부리 모양으로 생긴 해이반도이다.

뒤로는 산이 감싸주고 바닷가 평지에 마을이 있다. 전면으로는 낮은 섬들이 감싸주는 안온한 곳이다.

마을의 생긴 모양이 새 부리 모양이니 바다에 먹을 것들이 많아 부자들이 많이 산다고 알려졌다. 반면 사자산 아래 가면 도교 사원이 있다. 이곳에 사는 사람들은 대부분 가난하다. 도교 사원 뒤에는 산이 끝나는 지점에 사자 모양의 큰 바위가 있는데, 전면으로 넓게 트여 있으니 먹을 것이 없다고 한다. 풍수적으로 보면 앞에 산이나 언덕이 없고 확 트여 있으면 물도 앞으로 빠지고 생기도 흩어지므로 재물도 흩어지고 사람도 흩어진다고 본다.

배산임수 명당 지역에 자리 잡은 리펄스베이

홍콩의 부자 동네 리펄스베이는 빅토리아 남쪽 산 아래 배산임수와

▼ 홍콩 센트럴 지역 풍수 논쟁 빌딩, HSBC은행을 제압하기 위한 칼날 모양의 중국은행 건물

장풍득수가 잘 이루어지는 명당 지역에 있다. 빌딩 가운데 구멍을 뚫은 건물도 보인다. 건물을 필로티로 하거나 중간에 구멍을 뚫으면 기(氣)가 분산되어 풍수적으로 좋지 않다.

그러나 이들은 용이 지나가는 곳이라 길목을 내었다며 부정적인 것도 긍정적인 시선으로 풍수의 옷을 입혔다. 건물에는 구멍이 뚫려 있지만, 마을의 입지를 보면 뒤로 산이 둘러주고, 앞으로 만이 깊숙이 들어오며, 섬으로 둘러싸인 곳으로 생기가 응집되는 부자 마을의 조건을 구비했다. 마을 앞 해변가에는 인공 모래사장을 만들었다. 풍수적으로 보면 명당 역할을 하여 생기가 모여들게 한다.

홍콩의 풍수, 해외로 건너가다

홍콩을 다녀간 유럽인들이나 미국인들은 홍콩의 수많은 빌딩이 풍

▼ 중국은행의 칼날에 대응하기 위한 HSBC, 옥상의 대포 2문

▲ 홍콩의 구멍난 건물, 용이 지나가는 길이라 하여 건물에 통로를 뚫었다.

▲ 홍콩의 부자 동네 리펄스베이, 배산임수의 대표적 명당이다.

수적으로 건축되고 배치되는 것에 많은 관심을 갖는다. 건물을 지을 때 건물의 모양이나 내부 인테리어 등 동양의 풍수사상을 접목한다.

홍콩의 풍수에 가장 많은 관심을 가진 사람 중 하나가 미국의 트럼프 전 대통령이다. 트럼프는 부동산 업자로 동양의 부자들을 만나기 위해 풍수에 관심을 갖기 시작했다. 풍수는 동양의 부자뿐만 아니라 유럽과 미국의 부자들이 더 관심을 갖고 있다는 것을 알게 되었다. 건물을 지을 때도 랜드마크 건물이 될 수 있도록 터를 잡아 설계하고, 내부 장식에도 황금색과 물이 흐르도록 풍수를 접목했다. 황금색과 물은 재물을 상징하므로 매우 중요하게 여겼다.

물이 모이는 곳에 자리 잡은 한국의 대표기업

한국의 풍수지리는 고려나 조선시대에는 국가의 중요한 통치 수단으로, 입지를 정하고 양택과 음택에서 공히 중요한 역할을 하며 이어져 왔다. 수도의 입지, 궁궐의 건축, 마을의 입지, 향교, 관청 등 제 분야에 풍수사상을 널리 적용했고, 조선 왕릉 40여 기는 하나의 유실도 없이 보존되어 왔다. 최근에 이러한 풍수지리를 가장 중요시한 계층이 부자들

▲ 분지형 지형으로 삼성 서초사옥이 입지한 강남역 일대. 사방에서 물이 모여든다.

이고 기업들이다.

풍수에서 물은 돈을 의미한다. 물은 계속 움직이고, 물이 모이는 곳에 사람들이 모여든다. 사람들이 모이는 곳에 정보가 유통되고, 시장이 들어서고, 도시가 형성된다. 시장, 백화점 등 유통시설이 있는 곳을 보면, 물이 모이는 낮은 지대에 위치한다. 높은 곳에 있는 유통시설은 오래가지 못하고 문을 닫았으며, 물이 모이는 곳에 있는 유통시설이 번성하고 있다. 잘 나가는 기업 사옥들의 공통점은 물이 모여드는 곳에 있다.

삼성의 서초사옥은 서초 지역의 물이 사방에서 모여드는 강남역 부근에 자리 잡았고, 현대자동차 사옥은 여의천이 앞에서 흘러들어오는 조수지국에 사옥을 마련했다. 현대가 규모가 커지면서 다시 확장하여 이전하고자 하는 곳은 양재천, 탄천, 한강의 물이 삼합수로 만나는 강남의 삼성동이다.

LG그룹은 창업주의 호가 연암인데, 북한강과 남한강이 두물머리에서 만나 서울을 굽이굽이 돌아가며 수기(水氣)가 쌓인 여의도에 자리 잡았다. SK의 사옥은 사대문 안의 물이 합수하기 시작하는 청계천 입구에 자리 잡았다. 롯데그룹은 을지로 입구의 물이 모이는 곳에 위치한다.

사대문 안 은행가들의 흥망성쇠

풍수적 입지를 중요시하는 업종 중 하나가 은행들이다. 은행 본점이 있는 곳을 보면 입지의 우위에 따라 은행의 흥망성쇠가 달라졌다. 가장 좋은 터를 차지한 곳은 조선시대 전환국의 터 옆에 자리 잡은 신한은행 본점이다. 인왕산에서 남산으로 연결되는 용맥 안쪽에 자리 잡은 곳으로 풍수적 입지가 뛰어나서 자리가 협소한데도 명당터에 본점이 위치해 있다.

은행의 구조조정 과정에서 사라진 은행들을 보면 도로가 직충(直衝)하여 도로살을 받거나, 터널이 생겨 살기를 받거나, 주변의 시설물이 살기를 쏘는 곳에 있던 은행들이다. 회현동에 본점을 둔 우리은행은 조선시대 명당으로 알려진 동래 정씨 400년 세거지이며, 하나은행의 본점은 을지로 입구, 롯데백화점 맞은편이다. 은행의 입지에 따라 은행가의 흥망성쇠가 달라졌다.

풍수 명당 국가와 도시, 한국과 홍콩

100여 년 만에 세계적 국제도시로 성장한 홍콩과 100년이 안 되어 세계 경제대국 10위권에 진입한 한국은 공통적인 풍수적 환경을 갖고 있는 풍수적 명당 국가이다. 홍콩은 중국 대륙의 끝자락이 바닷속에 잠겼다가 260여 개의 섬이 솟아나 섬과 물로 환포되어 있다.

한국은 백두산 봉우리가 높게 솟아오른 대륙의 끝자락에 3면이 바다로 둘러싸인 반도 국가이다. 물로 둘러싸인 대륙의 끝자락이라는 풍수적 명당의 공통점을 가지고 있다. 여기에 더해 주요 기업이나 기관들이 풍수적 명당을 찾아 자리 잡고, 건물을 건축하고 배치함에 있어서도 풍수사상을 적용해 왔다.

풍수는 어떤 곳에 사람들이 모여들고, 어떤 곳에서 좋은 기운을 받는지 경험적으로 축적되고 연구되어 온 학문이다. 100여 년 만에 세계적 국제도시로 성장한 홍콩과 100년도 안 되어 세계 경제 10대국에 진입한 한국은 기업가들의 역할이 매우 컸다. 한국과 홍콩이 풍수적 입지를 매우 중요하게 여겼음은 눈여겨볼 사항이다.

4. 풍수지리로 본 삼성

1) 의령 호암 이병철 회장 생가

 한국의 대표적 기업인 삼성성우회 사진반에서 삼성 창립 80주년을 맞아 '삼성의 뿌리를 찾아서' 첫 번째 출사로 2018년 5월, 의령에 있는 호암 이병철 회장의 생가를 찾았다. 부자 터의 대표적인 형세를 확인하기 위한 좋은 기회였다.
 이 회장은 《호암자전》을 쓰면서 제일 먼저 가계의 뿌리와 고향 땅을 소개하고 있다. 이 회장의 16대조는 약 500여 년 전 조선 왕조 연산군 시대 은거지인 의령 중교리로 낙향했다. 백두산에서 시작한 백두대간이 덕유산 남동쪽에서 마지막으로 뻗어 내린 큰 산맥인 지리산은 금강산, 한라산과 함께 삼신산의 하나로 꼽힌다. 지리산 지맥의 마두산 기슭 중교리에 경주 이씨 가문이 자리 잡았다.

▲ 호암 생가 안채. 백두대간 지리산 지맥의 마두산 끝자락에 멀리 남강이 역수(逆水)하며, 가까이엔 노적암이 감싸주는 명당터에 자리 잡았다.

삼정 솥바위에 내려앉은 의령

의령을 지나는 남강의 한가운데에 솥 모양을 닮은 바위가 세 개의 발을 내리고 있다. 발이 세 개 달려서 삼정(三鼎) 솥바위라고 부르는데, 왕권을 상징하는 성물이다. 고대에 우리 민족은 나라를 셋으로 나누어 통치했고, 통치 원리도 3이었다. 삼정은 다리가 셋인 삼족정(三足鼎)의 형태로 왕의 제물 용도로 쓰였다. 함안의 어느 도인이 이곳을 지나면서 솥바위를 보고, 반경 20리 안에 삼정승에 버금가는 부자가 끊이지 않을 것이라고 했다. 전설이 현실이 되어서 삼성, LG, 효성의 창업자가 이곳에서 태어났다.

의령은 풍수적으로 양의 기운이 강하다. 의령을 감싸고 있는 전체 산맥이 황소를 닮은 형상이다. 이곳의 물길은 서출동류(西出東流)한다. 우 남강, 좌 낙동강으로 남강이 서쪽에서 발원해서 산청과 진주를 거

◀ 남강의 솥바위. 삼성, LG, 효성의 3대 기업 창업주가 세 개의 발을 내린 솥 모양의 바위 주변 동네에서 태어났다.

쳐서 경북 고령에서 내려오는 낙동강과 합류한 후 창녕, 밀양, 양산, 부산으로 흘러간다. 서출동류하는 물은 아침 일찍 동쪽에서 떠오르는 기운을 받아 일조량이 풍부하여 아주 귀한 물로 본다. 귀한 물의 영향으로 귀인들이 많이 태어났다. 삼영그룹 이종환 회장이 의령에서 태어났고, 신성모 독립운동가, 진대제 장관, 곽재우 장군, 허남식 부산시장, 이만기 씨름 선수 등도 의령 출신이다.

호암 이병철 회장이 태어난 생가는 1851년 이 회장의 조부 홍석 옹이 잡은 곳이다. 이병철 회장은 1910년 2월 12일 경남 의령군 정곡면 중교리에서 사 남매의 막내로 태어났다. 이 회장은 5세가 되면서 조부가 세운 문산정에서 한학을 배웠다. 11세가 되자 큰 인물이 되어야 하니 신식 공부를 하는 학교를 가야겠다고 건의했다. 유학이었다. 지수초등학교, 수송초등학교, 중동중학교를 거쳐 일본 와세다대학 경제학부에서 공부했다.

호암 생가는 호암 선생의 조부가 전통 한옥 양식으로 손수 지었다. 호암 선생은 유년 시절과 결혼하여 분가하기 전까지 이 집에서 보냈

호암 생가 대문. 대문을 들어서면 좌로 사랑채가 보이고, 앞으로 노적암 부자 바위가 마주한다. 안채와 광채는 안쪽으로 깊숙이 숨어 있다.

다. 일자형 평면 형태로 지어진 안채는 남서향의 평평한 땅 위에 자리 잡고 있으며, 몇 차례의 증·개축을 거쳐 은은하고 고고한 멋을 풍기는 오늘의 모습으로 단장되었다.

현재의 생가는 안채, 사랑채, 대문채, 광으로 구성되어 있으며, 아담한 토담과 바위벽으로 둘러싸여 외부와 구분되고, 주위로 울창한 대나무 숲이 조성되어 운치 있는 경관을 연출하고 있다.

풍수지리에 의하면, 이 집은 곡식을 쌓아 놓은 것 같은 노적봉 형상을 하는 주변 산의 기가 산자락 끝에 위치한 생가 터에 혈이 되어 맺혀 있다. 지세가 융성할 뿐 아니라, 멀리 흐르는 남강의 물이 빨리 흐르지 않고 생가를 돌아보며 천천히 흐르는 역수를 이루고 있어 명당 중의 명당이다.

생가를 수호하고 있는 노적암

생가 답사 중 가장 특이한 곳은 바로 청룡 끝자락 노적암이었다. 어떻게 해서 이런 바위가 생가를 감싸고 있을까. 천 리를 달려온 용이 생가 쪽으로 회오리치며 강한 기운을 전해 주고 있다. 조부 때부터 천석꾼이었고, 바위 앞에 방앗간이 있었다고 한다.

 노적암은 시각에 따라 여러 모양으로 보인다. 바위에서 많은 형상을 찾을 수 있는데 시루떡을 쌓아 놓은 것처럼 보이거나 '밭 전(田)' 자로도 보이고, 나락을 담은 가마니로도 보인다. 창고에 재물을 쌓아둔 것 같이 보이기도 하고, 주판알처럼 보이기도 한다. 그래서인지 정초나 주말이면 수많은 사람이 정기를 받고자 이곳을 찾아온다.

 바위에는 동물 세 마리가 있는 것처럼 보인다. 거북이는 눈을 뜨고 사랑채를 바라보고 있고, 두꺼비는 사랑채를 지키고 있으며, 자라가 개나리 앞에 목을 내밀고 있다. 이 동물들은 다 부(富)의 상징이며, 긍정적인 의미를 내포하고 있다.

 필자도 이곳에 올 때마다 다양한 형상의 바위 모습을 본다. 지난 연말에 방문했을 때 더욱 특별한 모습을 보게 되었다. 그동안 한 번도 보

▲ 빛으로 나타난 호암 얼굴바위

지 못했던 사람 얼굴이 보인 것이다. 시루떡바위 옆에서 부처님 모습을 한 얼굴바위, 주판알바위 옆에 사람의 형상을 한 얼굴바위를 볼 수 있었다. 동네 사람들은 마두산을 호암산이라고 부르고, 노적암에 얼굴 모양이 나타났으니 이제는 호암바위라고 불러야겠다.

생가 마당에 감나무가 있다. 감은 식사 대용도 되고, 간식용으로도 먹는다. 감나무에는 문무충효절(文武忠孝節) 등 다섯 가지 덕목이 들어 있다. 잎이 넓어서 글씨 연습하기에 좋아 문(文)이 있고, 재질이 단단하여 화살촉 재료로 사용되어 무(武)가 있으며, 열매의 겉과 속이 같아 표리부동하지 않다고 하여 충(忠)이 있다. 또 감은 홍시가 되면 속이 연하고 맛이 달기 때문에 노인들이 좋아하여 효(孝)가 있으며, 서리가 내리는 늦가을까지 가지에 매달려 있어 절개가 있다고 했다. 이러한 정신이 충과 효, 나라 사랑으로 이어졌다.

아는 것을 실천하는 것이 힘

이 회장의 부인 박두을 여사는 대구 출신이다. 삼성의 본거지가 대구다. 삼성상회도 여기서 시작했다. 박두을 여사는 사육신(死六臣) 중 한 분인 박팽년의 후손이다. 부인은 생전에 집안 장학금을 만들어 성적표만 내면 장학금을 주었다.

이 회장의 어머니는 안동 권씨이고, 친정이 서울이다. 이 회장은 외가가 있는 서울의 중동중학교에 다녔다. 둘째 누님이 서울로 시집가서 서울에서 학교에 다닐 수 있었다.

이 회장댁은 예전부터 덕을 많이 베풀었다. 어머니 대에도, 할아버지 대에도 선행은 이어졌다. 어린아이가 태어나면 미역과 보리쌀을 나누어 주었고, 혼인하는 사람에게는 양단(洋緞)을 주었으며, 초상이 나면 삼베를 끊어 주었다. 아는 것이 힘이 아니고 '아는 것을 실천하는 것이 힘'이라는 믿음이 이어져 내려왔다. 그곳에 사는 70대 중반의 할머니 말로는 둘째 아들을 낳고 미역하고 보리쌀을 직접 받았다고 한다. 집안에 우물이 2개가 있었는데 바깥 우물은 마을 주민을 위한 것이었다고 한다. 베푸는 것이 생활화된 가손(家孫)이기에 복을 받았다는 생각이 든다.

생가 방문 후 동네 앞산에 올라가서 중교리 동네 전체 국세를 조망했다. 땀을 뻘뻘 흘리며 앞산에 올라가니 한눈에 동네의 국세가 보였다. 마두산 자락이 뻗어와 마지막 자락에서 청룡의 맥이 낚싯바늘 같이 돌아주고, 좌우로는 청룡·백호의 능선들이 겹겹이 감싸고 있다.

산에서 내려와 마을 건너에 있는 사당에 들렀다. 종중 대표의 안내를 받아 앞산 너머에 있는 문산정과 최근에 조성한 문중 제단을 보고 남강의 솥바위와 이 회장이 다닌 지수초등학교를 찾았다. 100년 전통을 가진 지수초등학교 교정에 이 회장이 심은 소나무가 거목으로 자라고 있었다.

크고 강력하고 영원한 심성(三星)

1938년 3월 1일. 이병철 회장이 28세에 사업을 시작하면서 회사 이름을 삼성(三星)으로 정했다. 1은 양이요, 2는 음이요, 3은 '1의 양'과 '2의 음'을 합한 완전수이다. 동양에서 3은 완전수로 우리 민족이 가장 좋아하는 숫자다. 삼신산, 삼정 솥바위 모두 3자가 들어갔다.

3은 오행으로 보면 목(木)을 상징한다. 목은 계절로 봄이요, 시간상으로 아침이요, 방위로 동쪽이다. 삼성의 '三'은 큰 것, 많은 것, 강한 것을 나타낸다. '星'은 밝고, 높고, 영원히, 깨끗이 빛난다는 의미가 있다. 선대 회장은 《호암자전》에서 '크고 강력하고 영원하다'라는 의미를 담아서 '삼성(三星)'이라 이름 지었다고 밝히고 있다.

삼성의 창업 정신은 '사업보국(事業報國), 인재제일(人材第一), 합리추구(合理追求)'이다. 나라가 어려울 때 사업을 시작했고, 사업을 통하여 국가에 이바지함을 경영이념으로 삼았다. 이 회장은 미국 보스턴대학에서 명예박사 학위를 받으면서 사업보국에 대하여 다음과 같이 말했다.

"기업의 존립 기반은 국가이며, 기업은 국가의 사회 발전에 공헌해야 한다. 기업 경영 성과로 세금, 헌금, 배당 등으로 분배되어야 하며, 국가 운영의 기틀을 닦으면서 기업 자체의 유지·발전에 이바지하는 것이 사회적 봉사이다."

나라 경제가 어려운 지금, 다시금 삼성의 사업보국 정신이 나라 발전의 초석이 되기를 바란다. 선대 회장 생가를 방문하면서 새로 나타난 큰 바위 얼굴이 어쩐지 이 회장의 분신처럼 느껴졌다. 삼성의 발전이 나라의 발전 근간으로 지속되기를 기원한다.

2) 인재 개발의 산실, 삼성인력개발원

삼성 신입사원 입문교육의 장소, 동방연수원

삼성인을 배출한 곳, 심성인력개발원이다. 연수원을 지으면서 삼성 제1종합연수원 호암관 숙소동(비움관)을 가장 좋은 위치에 지었다. 2인 1실 호텔식이었다. 인력개발원이 자리 잡은 곳은 가실리이다. '심을 가(稼)' 자와 '집 실(室)' 자를 써서 가실리(稼室里)라 불렀다. 곡식을 심어 재배하고 결실을 이루는 곳, 집을 짓는다는 의미가 있으니 인력개발원의 취지와 지명이 꼭 들어맞는다.

입사 40주년을 맞아 가실리 인력개발원 창조관과 호암관(집영각)을 방문했다. 예전에는 생각지도 못했던 것들도 보였다. 변하지 않은 건

▼ 삼성연수원

교육장 곳곳에 녹아 있는 삼성 정신이었다.

동방연수원은 에버랜드 꼭대기에 있는 삼성생명 연수원이었다. 1957년 대졸 신입사원 공개 채용을 시작한 이래 19기 4차로 입사하여 동방생명 연수원에서 신입사원 입문교육을 받았다. 하지만 동방연수원은 문을 닫고 건물만 남아 있었다.

당시는 그룹 연수원이 없어 동방연수원에서 입문교육을 받았다. 1주일간 입문교육을 받고, 다음 차수 19기 5차에 내어주고 다른 연수

집영각 ▼ ▶

원을 빌려 신입 입문교육을 받았다. 1주일간의 입문교육을 받은 장소이지만, 삼성 정신이 새겨진 곳이 바로 동방연수원이다.

신임과장 교육을 받았던 호암관이 있다. 호암관은 1982년에 지어졌다. 외국어 생활관에 들어가 3개월간 영어 집중 교육을 받았고, 과장으로 승진하면서 신임과장 교육을 받았던 장소다. 호암관은 그룹 연수원의 시작으로 로비에 이병철 회장 부조가 있고, 정원에는 이 회장이 기념 식수한 오엽송(五葉松)이 있다. 건물 정면에는 이 회장이 직접 쓴 택호, 집영각(集英閣)이 있다. 세상의 인재들이 모여들어 삼성인으르 배출되는 곳이라는 의미가 담긴 호암관 '집영각'. 집영각은 '모을 집(集)' 자와 '꽃부리 영(英)' 자를 써서 만든 이름이다. '꽃부리 영' 자는 인재·영재를 의미하며, 따라서 집영각은 '영재들이 모여드는 곳'이라는 의미가 담겨 있다.

봄이 되면 집영각 맞은 벌판이 다 꽃이다. 인재들이 이곳에 모여들고 양성되어 삼성을 꽃피운다. 오엽송은 잎이 5개인 소나무로 매우 귀하다. 목화토금수, 오행이 서로 상생하며 새로운 것을 창조한다는 의미가 담긴 나무이다.

로비에 들어서면 이 회장의 조각상 주조가 있고, 그 왼편에 '인재제일'에 대한 이 회장의 말씀이 걸려 있다. '사업보국, 인재제일, 합리추구'가 삼성의 창업 정신이다. 이 회장은 인재제일에 대하여 다음과 같이 말씀하고 있다.

"국가와 기업의 장래가 모두 사람에 의해 좌우되는 것은 명백한 진리다. 이 진리를 꾸준히 실천해 온 삼성이 강력한 조직으로 인재 양성에 계속 주력하는 한 삼성은 영원할 것이며, 여기서 배출된 삼성인은

▲ 이병철 회장이 기념 식수한 오엽송

▲ 호암미술관 옆 동산의 호암 이병철 회장 조각상

이 나라 국민의 선도자가 되어 만방의 인류 행복을 위해 반드시 크게 공헌할 것이다."(1982년 4월 22일)

이 회장의 나라 사랑과 인재제일에 대한 경영철학을 다시금 가슴 깊이 새긴다. 집영각 로비에 들어서니 전방으로 벚꽃이 만발한 화사한 풍경이 한눈에 들어온다. 세상의 영재들이 모여들어 삼성인으로 배출되는 곳, 삼성은 삼성인이 있기에 영원히 인류 행복을 추구하며 발전할 것이다.

신임임원 교육을 받았던 창조관

1982년 제1종합연수원을 짓고 교육 수요가 늘어나자 제2종합연수원으로 지은 것이 창조관이다. 2000년 1월 임원이 되면서 신임 임원 교육을 받은 곳이 바로 창조관이다. 제2연수원을 지으면서 연수원 택호를 '창조관'이라 하자고 한 분이 이건희 회장이다. 창의적인 인재, 창조적인 경영, 미래지향적 관점에서 창조관이라고 이름 지었다. 창조라는 말이 지금은 일반화되었지만, 30여 년 전에 건물 이름에 '창조'란 이름을 붙인다는 것은 쉬운 일이 아니었다.

2010년 창조관을 재단장하면서 '천지인(天地人)' 개념을 도입했다. 천지인 사상은 사람이 중요하다. 사람을 어떻게 형상화할 것인가? '사람 인(人) 자'를 삼각형으로 건물 바닥에 형상화했다. 천(天)은 중앙정원에 형상화했는데, 아폴론 신이 모는 태양 전차의 수레바퀴로 하늘을 상징했다. 땅(地)은 필로티에 있는 글로벌 스퀘어, 지구본 형태로 땅을 상징했다. 삼성이 진출해 있는 국가의 수도는 푸른색, 수도에는 붉은 핑크색으로 표시했다. 그렇게 하여 천지인을 건물과 중앙정원에 형상화했다.

▲ 중앙정원으로 들어서면 '천지인(天地人)' 사상을 형상화한 구조물과 마주한다. '천(天)'은 아폴론 신이 모는 태양전차 수레바퀴로 상징했다.

▲ 창조관 본관 앞, 'PRIDE IN SAMSUNG', 기가 가장 왕성하게 모이는 곳

입구를 통과하면 '웰컴송(歡迎松)'이 있다. 서로 마주 보며 인사하는 모습이다. 꼬리가 긴 것이 수컷이고, 짧은 것이 암컷이다. 이런 소나무를 에버랜드에서 찾았다. 좌측에 수컷, 우측에 암컷을 배치했는데 '부부송'으로 불리기도 한다. 웰컴송을 통과하면 사방으로 뻗어가는 햇살, 태양의 모습 또는 수레바퀴가 나타난다.

그 위로 올라가면 가장 기(氣)가 왕성하게 모이는 곳, 'PRIDE IN SAMSUNG' 조형물이 나타나는데, 이곳에서 신입사원들이 기념 샷을 즐겨 찍는다. 본관 3층으로 올라가면 창조관 전체의 모습이 조망된다. 창조관의 콘셉트에는 '삼성인이 출산되어서 나가다'는 의미가 담겨 있다. 새로운 생명이 잉태되어 태어나듯 삼성의 인재가 이곳에서 양성된다는 뜻이다. 삼성에 입문하면 창조관 본관에서 교육을 받으면서 삼성 정신을 체화한다. 삼성다움을 느끼고, 되새기고, 정착시키는 교육장이다.

인력개발원의 역할

인력개발원에서는 '입문교육, 리더교육, 핵심가치' 교육을 담당하고 있다. 백두대간의 마디 같은 역할을 하는 것이다. 인력개발원은 모든 삼성인이 다녀간다. 신입사원에서부터 과장, 차장, 부장, 임원이 될 때마다 인력개발원에 와서 삼성의 핵심가치에 대해 교육을 받는다.

'사업보국, 인재제일, 합리추구'의 3대 창업이념을 전승한 것이 경영이념이다. 인재와 기술을 바탕으로 최고의 제품과 서비스를 창출하여 인류사회에 공헌한다. 사업보국이 글로벌 개념으로 확장하여 인류사회 공헌으로 표현되었다. 인재제일의 새로운 경영이념과 5대 핵심가치 교육이 인력개발원의 역할이다. 5대 핵심가치는 '인재제일, 최고

▲ 창조관 우측 전면으로 보이는 삼태봉. 삼태봉이 보이는 명당에서는 삼정승에 버금가는 인재가 난다고 한다.

지향, 변화선도, 정도경영, 상생추구'다.

　인력개발원을 거쳐간 삼성인들이 있어 삼성은 영원히 새로운 것을 창조하며 발전할 것이다. 뒤로는 산을 등지고, 앞으로는 넓게 산들이 겹겹이 펼쳐지며 삼태봉이 조산으로 들어오는 명당 지역, 곡식을 심고 결실을 보며 집을 짓는 가실리의 지명답게 삼정승에 버금가는 삼성인이 꾸준히 배출되기를 기원한다.

제2부

전국의 명당을 찾아서

1. 서울·수도권
2. 충청권
3. 강원·경상권
4. 전라·제주권 외

1. 서울 · 수도권

1) 아차산의 전설과 평강공주 바위

 아차산은 서울의 외청룡이요, 서울과 구리를 경계하는 바위산이다. 아차산은 고구려와 백제, 고구려와 신라가 서로 차지하려고 다투던 땅이다. 553년 신라가 한강 이북의 고구려 땅을 떼어가자 590년 고구려의 온달장군은 신라와의 전투에서 선봉장을 자청했다. 아차산성에서 신라군과 접전을 벌였으나 그만 날아오는 화살에 맞아 전사하고 말았다. 한을 품으며 죽어간 온달장군의 관이 좀처럼 움직이지 않자 평양에서 평강공주가 달려와 남편의 관을 어루만지며 통곡했다. "죽고 사는 것이 정해졌으니 아아! 돌아갑시다." 그제야 온달장군의 관이 움직였다고 전해져 온다.
 아차산에는 이러한 전설이 있는 온달장군의 투구바위와 평강공주의 엉덩이바위 그리고 주먹바위가 있다. 바위가 위치하는 곳은 구리 쪽에서 고구려 대장간 마을에서 20여 분 올라가면 되고, 서울 쪽에서는

▲ 아차산 큰바위얼굴, 빛의 방향에 따라 분위기가 달라진다.

낙타고개를 넘어 30여 분 올라가면 다다를 수 있다. 뒤로 아차산이 배산이 되고, 좌로 평강공주의 옹달샘이 있고 우로 온달장군의 온달샘이 있어 좌우로 산의 능선이 감싸주는 풍수적 명당에 위치한다.

  앞으로는 한강이 조수하고 고덕산, 예봉산, 검단산, 용문산 등이 수십 리 앞으로 전개된다. 평강공주가 안고 있는 모습의 온달장군 투구바위는 보는 방향에 따라 투구의 모습도 되고, 빙그레 웃고 있는 장군의 모습이 되기도 한다. 평강공주의 바위는 온달장군을 안고 통곡하는 모습 같기도 하고, 엉덩이를 드러내 놓고 있어 평강공주의 엉덩이바위 또는 평강공주 통곡의 바위라고도 한다. 바로 옆에는 주먹바위가 있다. 주먹의 모습도 보이고 사람 얼굴 모습도 보인다. 신라군을 무찌르고자 하는 온달장군의 힘찬 주먹 모습 같기도 하고, 평강공주의 부드러운 손길로도 느껴진다. 수많은 사람이 지나지만, 바위의 모습을 눈치채지 못하고 그냥 지나친다. 구리시에서는 아쉽게도 안내 표지판

▲ 아차산 전설의 온달장군 투구바위와 평강공주 엉덩이바위

을 설치하지 않았다.

　아차산은 바위산으로 기암괴석과 바위틈 사이에서 자라나는 소나무가 아름다워 많은 사람이 찾는 명산이다. 아차산 고구려 대장간 마을 바로 위에 사람을 닮은 바위가 있는데 그냥 얼굴바위에 불과했다. 고구려 대장간 마을에서 '태왕사신기' 영화를 찍으면서 바위가 탤런트 배용준을 닮았다 하여 바위 이름을 '아차산 큰바위얼굴'로 명명하고 팻말을 붙여 홍보했다. 일본, 중국 등지에서도 배용준의 팬들이 찾아오는 인기 코스가 되었다. 커다란 눈과 코 그리고 지긋이 다문 입 모양과 머리칼을 휘날리는 모습은 영락없는 사람의 얼굴이다. 잠시 머무르면서 전망대를 찾아온 사람들의 다양한 이야기를 들어보았다.

　"피카소가 다녀갔나? 피카소 그림 같다. 눈이 튀어나오면서 얼굴이 확 커졌다. 살아 있는 것 같다. 뭔가 좋은 일이 생길 것 같다. 멋있다. 신기하다. 자연적으로 만들어졌다. 얼굴처럼 생겼다. 전설이 있을 것 같다."

여러 반응이 재미있다.

구리 역사문화트레킹을 운영하다가 지금은 중지된 상태이다. 아차산 구리 둘레길에 안내판도 설치하고, 아차산의 역사가 묻어나는 스토리텔링 트레킹길로 만들어 보면 어떨까.

2) 정조가 세운 계획도시, 수원

수원은 사도세자 능을 수원의 명당에 쓰기 위해 세운 계획도시다. 정조는 왕이 되자 아버지 사도세자를 수원의 명당으로 이전하고자 수원, 현재의 융건릉 주변에 사는 백성들을 수원의 팔달산(126m) 동쪽으로 이주시키고 이곳에 새로운 도시를 건설하며 화성(華城)을 축조하고, 왕이 지방에 거주할 때 임시로 머물거나 거처하기 위한 행궁(行宮)을 마련했다. 1789년 10월 현릉원 천봉(薦奉) 이후 이듬해 2월부터 1800년, 정조 24년까지 11년간 12차에 걸친 능행(陵行)을 거행했다.

수원은 물의 도시이다. 삼국시대에는 매홀(買忽)이라는 지명이 물골을 뜻하며, 지금의 수원(水原)은 물벌을 뜻한다. 수원에는 원천, 신대, 광교, 서호, 일월 등 크고 작은 저수지가 9개나 된다. 수원은 안성 칠장산(492m)에서 북진하던 한남정맥이 용인 석성산(472m)에서 서진해 광교산(582m)으로 솟아 수원의 주산이 되었고, 광교산이 북서진하면서 백운산(567m), 오봉산(205m)을 거쳐 다시 남쪽으로 지맥이 뻗어 광교산을 중심으로 수원의 동쪽 지역은 500m의 산지로 이루어졌다. 중부 지역은 구릉 지대이며, 남부 지역은 평야로 광교산에서 발원하는 원천리천, 수원천, 서호천과 오봉산에서 발원하는 황구지천 등 수원의 4대 하천이 수원비행장 부근에서 합류하는 분지형의 지형이다.

광교산 동쪽 면에서 발원한 원천리천은 신대저수지와 원천저수지에서 물을 모아 수원비행장 근처에서 황구지천과 합류한다. 원천리천 주변 태평양퍼시픽그룹의 태평양화학과 삼성의 주력기업인 삼성전자가 위치한다.

광교산 중심부에서 발원한 수원천은 광교저수지에서 물을 모아 수

▲ 수원 사도세자 묘. 정조대왕이 아버지 사도세자를 그리워하며 최고의 명당을 찾아 모신 곳이다.

원 화성을 비롯해 영동시장, 지동시장, 팔달시장 등 수원의 전통상권의 중심지를 가로질러 수원비행장 부근에서 황구지천과 만나 화성의 용주사와 융건릉 오산의 독산성을 휘돌아 평택을 거쳐 서해로 흐른다.

서호천은 광교산 서쪽면에서 발원하여 파장저수지에서 물을 모아 이목천, 일왕저수지와 영화천과 합류하여 서호에 이르고, 다시 황구지천과 합류하며 팔달산 서쪽의 수원 시가지를 형성한다. 이곳에 농촌진흥원, 서울농대 등이 있어 우리나라 농업의 근간을 담당했다. 우리나라 5대 기업 중 하나인 SK그룹의 발상지도 이곳에 속한다.

황구지천은 경기도 의왕의 오봉산에서 발원하여 왕성호수에서 물을 모아 수원을 감싸주며 서호천, 수원천, 원천리천과 합류 후 용주사와 융건릉 일대를 감싸 안으며 평택에서 진위천과 합류한다.

이렇듯 수원은 광교산을 주산으로 남쪽으로 분지가 형성되었다. 중

▲ 수원의 주산 광교산, 왕건이 왔을 때 산 위로 광채를 발했다 하여 광교산(光敎山)이라 했다.

앙에는 팔달산이 솟고 4대 하천을 발원하면서 저수지에서 물을 모아 수원의 곳곳에 수기(水氣)를 공급하고, 다시 하류에서 4대 하천이 합류하여 생기가 모이는 지형이다. 조선의 정조대왕이 이곳을 주목해 사도세자 능을 이장하고 계획도시를 만들었다. 정조가 만든 계획도시 수원은 이후 경기도의 도청 소재지가 자리 잡았고, 수원 화성은 세계문화유산으로 등재되었다.

2016년 수원 화성 방문의 해를 맞아 창덕궁~화성행궁 46km 임금 행차가 220여 년 만에 이틀에 걸쳐 재현되었다. 임금 행차 재현을 계기로 수원 화성 4대문 안이 완전히 복원되어 세계인이 즐겨 찾는 세계 문화유적지가 되기를 바란다.

3) 세계문화유산에 등재된 남한산성

　남한산성이 우리나라의 문화유산 중 11번째로 유네스코 세계문화유산으로 등재되었다. 길이 12km에 달하는 남한산성은 서울의 동남부 지역에 위치한다. 주변의 산 능선을 감싸는 요새로써 이미 백제시대부터 산성의 기능을 담당했다. 조선시대 비상시에 대비한 별궁으로 북한산성, 남한산성, 강화도, 수원의 화성 등 4개의 행궁 중 하나이다. 1636년 12월 13일 병자년 겨울, 청나라 20만 대군이 몰려오자 인조대왕은 송파나루를 건너 남문으로 들어와 이곳에서 군사들과 함께 47일간을 청나라에 항거하며 버티기도 했다.

　남한산성은 집에서 가까워 시간 나면 언제나 들르는 곳이다. 마천역에서 출발하여 서문으로 수어장대, 침괘정 그리고 중앙주차장에 있는 순두부집에서 점심을 먹고 종로 5거리, 행궁을 거쳐 북문, 연주봉 옹성, 서문을 거쳐 다시 마천으로 내려온다. 남문을 출발하여 종로 로터리~행궁~침괘정~숭렬전~수어장대~성벽~서문~연주봉 옹성~북문으로 내려오기도 하고, 남한산성 성벽길을 한 바퀴 돌기도 한다.

　남한산성을 한눈에 볼 수 있는 곳은 남한산성의 주산인 청량산 정상이다. 청량산 정상에 남한산성의 지휘소 수어장대가 있다. 산정에 바람이 잦은 곳이다. 수어장대에 올라 산성의 전체를 조망하면서 성벽길을 따라 산성을 한 바퀴 돌면 남한산성의 요소요소를 보면서 남한산성의 국세를 자세하게 관찰할 수 있다.

　남한산성은 청량산(479.9m)을 주봉으로 하여 북쪽으로 연주봉(466m), 동쪽으로 벌봉(514m)과 남쪽으로 검단산(521m) 봉우리를 연결하고 있다. 성벽의 외부는 급경사를 이룬다. 내부는 경사가 완만하고 분지를 이루고 있어 백제시대에 온조왕의 성터였고, 통일신라시대에도 성이 있었다. 조선시대 인조 2년(1624~1626)에 11.76km의 성벽을 쌓고 행궁을 만들었다.

  남한산성 행궁을 풍수적으로 보면 주봉 청량산을 주산으로 하여 동향으로 자리 잡았다. 양택의 입지는 국세가 넓고 산이 병풍처럼 두르고 배산임수, 전저후고, 전착후관의 조건이 갖춰지고 분지를 형성하며 수구가 막힌 곳이어야 좋다. 행궁을 풍수적인 요건들을 대입하여 보면 국세는 작지만, 기본적인 요소를 제대로 갖추었다.

  주산 창량산이 우뚝하고 주봉으로부터 중출맥한 용맥이 정출맥으로 입수한다. 행궁을 호위하고 있는 산사면은 완만한 경사로 형국 내를 보호할 수 있는 최적의 지형지세를 지니고 있다. 동남쪽으로 보면

▼ 남한산성 수어장대

아름다운 토성체의 안산이 보인다. 왜 토성체의 안산을 주축으로 좌향을 잡지 않았을까 하는 질문을 많이 받는다. 조선시대에는 임금은 남면을 해야 한다고 하여 대부분 남향으로 자리를 잡았다. 이곳은 신좌을향의 동향이다.

형세적으로 보면 동향판의 형세이고, 전체적인 국세로 보아도 동향으로 자리 잡음이 당연하다. 동남쪽 토성체의 안산이 아름답고 물이 횡류하지만, 남향으로 입향한다면 좌우의 평(平)이 이루어지지 않는다. 혈이 되자면 양택의 기본적인 조건은 태정순강고저(胎正順强高低), 즉 혈(穴)의 요건을 갖추어야 한다. 태(胎)는 배 속에 아이를 밴 듯 복스러워야 하고, 정(正)은 좌우가 평탄하고, 순(順)은 주변의 형세와 자연스럽게 어울리고, 강(强)은 토질이 단단하고, 고(高)는 한치가 높은 곳, 저(低)는 바람을 막아주는 터가 되어야 한다는 원칙을 보아도 남향보다는 동향을 해야 한다.

물은 오른쪽에서 흐르고, 좌측의 청룡 자락이 겹겹이 감싸주어 청룡역관이 잘되는 곳이다. 외청룡 끝자락이 안산으로 들어오고, 청룡 자락이 겹겹이 감싼 곳이 남한산성의 행궁이다. 행궁 뒤에서 보면 입수룡이 행궁으로 정확하게 들어간다. 그리고 좌우는 균등하고 위아래로 경사가 진다. 전저후고(前低後高) 형태로 건물을 앉히기에 아주 좋은 자리이다. 제일 아래로는 연못이 있다. 연못은 진응수의 역할도 되고, 기(氣)는 물을 만나면 빠져나가지 않고 머무른다는 계수즉지(界水則止)의 기능도 된다. 정혈의 자리가 되자면 상하의 완만한 경사는 있어도 좌우에는 경사가 없어야 한다.

동문을 지나 광주 쪽으로 내려가다 보니 청룡 자락이 10겹 이상으로 청룡역관을 해 준다. 수구가 관쇄되어야 생기가 가두어지는데, 남한산성같이 수구가 잘 관쇄되는 곳을 찾기가 어렵다. 전착후관이 잘 갖추어진 곳을 보려면 남한산성을 답사해 보라고 권하고 싶다. 성남 쪽에서 들어가지 말고 하남 쪽에서 들어가면 전착후관을 확실히 확인할 수가 있다. 남한산성 동문으로 들어가면서 청룡역관과 수구의 관쇄를 확실히 볼 수 있다.

하남 시내를 벗어나서 남한산성 가는 길 오른쪽에서 상산곡동 섬말에 있는 현민 유진오 박사의 생가터도 볼 수 있다. 남한산성 입구 중부면사무소 근방 남한산성 입구에 있는 장익호 선사의 《유산록》에 나오는 명당도 구경할 수 있다. 남한산성에 행궁 말고 침괘정, 숭렬전, 수어장대, 남한산성초등학교 등 풍수적 명당이 즐비하다. 중앙주차장에 들르면 유독 사람들이 몰리는 명당 순부두집도 있고, 뒤에 있는 남한산성 파출소 자리도 조선시대 포도청의 자리이다. 남한산성 세계문화유산 등재를 기념으로 성벽을 돌며 남한산성 곳곳을 걸으면서 남한산성의 풍수적 명당을 찾아보자.

4) 생거진천 사후용인, 용인의 풍수명당

사대부가들이 선호하는 용인

예로부터 생거진천 사후용인(生居鎭川 死後龍仁)이라 하여 진천과 용인은 풍수지리적으로 주목을 받았다. 왜 살아서 진천이고 죽어서 용인이라는 말이 생겨났을까. 용인과 가까운 진천은 사방이 산으로 둘러싸인 분지형 지세다. 넓은 들이 펼쳐지고 물이 풍부하여 바람이 잘 갈무리되고, 풍수해가 없으며, 농사가 잘되어 사람 살기에 좋은 땅으로 알려졌다. 용인은 한양에서 가까이 위치한 곳으로 나지막한 야산들이 많은 곳이다.

평지에서 한 치가 높으면 산이요, 한 치가 낮으면 물이라고 했다. 낮은 산들이 여기저기 뭉쳐 있어 생기가 모이는 땅이다. 한양에서 백 리까지 왕릉이 들어선다. 조선시대 사대부가들은 한양 백 리를 벗어나 생기가 모이는 곳을 찾았다. 용인의 땅은 조선시대 사대부가들이 주시하는 땅이었다. 《동국여지승람》에 진천 땅은 평야가 넓고 토지가 비옥하여 산물이 풍부하고 한해와 수해가 적어 농업경영이 순조롭고 인심이 후하여 살만한 곳이며, 용인은 산세가 수려하여 사대부가의 묘소가 많았다고 기록되어 있을 만큼 명당 지역에 해당한다.

용인의 명당

용인에는 포은 정몽주, 정암 조광조, 교산 허균, 삼학사 중 한 분인 오달제, 반계 유형원, 이순신 장군의 조카로 우의정을 지낸 이완, 대마도를 정벌한 이종무 장군, 번암 채재공, 을사조약에 항거하여 자결한 민영환 등 역사적인 인물들의 묘가 자리 잡고 있다. 오늘날에도 많은 사람이 용인 땅을 선호한다. 삼성그룹의 창업주 이병철 회장은 용인에서 자리를 구했고, 김대중 대통령도 용인에 선영을 옮기고 대통령에 당선되었다. 이명박 대통령도 용인에 선영이 있고, 김수환 추기경도 용인의 천주교 공원묘원에 자리 잡고 있다.

명당의 공통인자

테마별로 명당을 답사해 보면 누구든지 공통인자를 볼 수가 있다. 한두 개를 보면 잘 보이지 않지만, 테마별로 가장 잘되는 상위그룹 5개와 잘 안 되는 하위그룹 5개를 보면 차이를 알 수 있다. 사옥, 학교, 병원, 호텔, 음식점, 가게, 전원주택, 묘지 등 같은 업종끼리 잘되는 곳과 어려운 곳을 대비하여 현장을 보자. 풍수를 몰라도 공통인자를 찾을 수 있고, 차이를 발견하게 된다. 풍수적 원리를 기초만 이해해도 훨씬 빨리 눈에 들어온다. 다음은 우리나라의 명당 묘지 몇 개를 둘러보고 뽑은 공통인자다.

① 발복(發福)이 있었다.
② 주산이 좋다.
③ 용세가 뚜렷하다.
④ 덩어리가 통통하고 살이 쪘다.
⑤ 주변 국세까지 포근하게 어우러져 있다.

다음의 몇 가지 사례는 이러한 명당의 반열에 들어가는 곳이다.

쌍유혈의 명당에 자리 잡은 정몽주, 이석형 묘소

포은 정몽주 선생(1337~1392)과 저헌 이석형 선생(1415~1477) 묘역이 있는 곳은 분당의 태재고개 넘어 용인의 능원리에 위치한다. 와겸

유돌(臥鉗乳突) 중 유혈에 속하며 쌍유혈(雙乳穴)을 형성하고 있다.

정몽주는 고려의 충신으로 조선조의 건국에 반대하여 죽임을 당했다. 고향 영천으로 천장하는 중에 명정이 날아와 하늘의 뜻으로 여겨 이곳에 모셔졌다. 그리고 30여 년 뒤에 정몽주의 증손녀인 연일 정씨가 친정으로 아이를 낳으려고 왔다. 아이를 낳고 산후병으로 죽자 포은 선생의 손자인 정보 선생이 자신의 신후지지(身後之地), 생전에 미리 잡아두는 묏자리에 딸의 묘를 쓰게 했다. 30여 년이 지난 후 남편 이석형 선생이 죽자 이곳에 합장되었다. 그 후 이석형 선생의 후손들이 줄줄이 과거에 급제하고 벼슬을 하자 이곳이 명당으로 유명해졌다.

정몽주 선생의 묘역은 국세가 유정하고 내외 명당의 조화를 이룬 곳, 국세의 중심부에 2개의 내룡이 뻗어온 형태가 여자의 유방과 같은 모양으로 약간 볼록하게 돌출되었다. 좌우로 더 길게 뻗은 용맥들이 겹겹이 감싸준다. 외수는 좌에서 우로 흐르고 내수는 우에서 좌로 흘

▼ 쌍유혈의 정몽주 묘

러 역수(逆水)의 형태를 취한다. 그리고 물이 좌에서 우로 흐르는데 백호가 걷어주며 수구(水口)를 좁혀주니 음양이 조화되고 생기가 머무른다. 청룡이 좋으면 아들이 잘되고, 백호가 좋으면 딸이 잘된다고 하는데, 정몽주 선생이 모셔진 곳은 외손에서 인물이 많이 나왔다.

모란반개형의 명당, 김수환 추기경 묘소

집단묘지 중 종교시설에서 운영하는 천주교 공원묘지, 기독교 공원묘지 등이 있다. 용인 천주교 공원묘원은 천주교 묘지 중 대표적 묘원에 해당한다. 법화산을 주산으로 좌우로 청룡·백호의 산들이 잘 감싸주고 전면에 조안산이 유정하며, 김수환 추기경(1922~2009)이 모셔진 곳은 중심 용맥이 들어오는 중앙부에 위치한다.

서울현충원의 장군봉에 해당하며, 조선가 100년의 여주 세종대왕릉과 대비되는 명당 지역이다. 사방으로 산이 둥글게 환포하고 중앙

▼ 용인 천주교 공원묘원 내 김수환 추기경 묘(중앙)

에 봉우리가 솟은 곳이니 물형론으로 보면 이곳은 모란반개형이라고 할 수 있다. 좌로 김옥균 주교(1925~2010), 우로 노기남 대주교(1901~1984)가 모셔져 있다. 천주교 지도자들이 모셔져 있는 성직자 묘역을 보면서 어떤 곳에 공원묘지가 입지해야 하는지를 확인할 수 있는 곳이다. 묘의 좌향은 신좌을향의 동향으로 아침 일찍부터 떠오르는 태양의 생기를 받는 곳이다. 주변을 싸고 있는 능선들이 특별히 함몰된 곳이 없으며 전후좌우에 신도들의 묘가 있어 사방에서 성직자 묘를 향하여 읍(揖)하는 형상이라 상제봉조형(上帝奉詔形)으로도 볼 수 있다. 살아서도 섬겼는데 죽어서도 충실하게 받들고 있는 모습이며, 아침 일찍부터 참배객들이 찾아드는 편안한 곳이다.

조수지국(朝水之局), 엘리시움과 시안 가족공원묘지

서울 근교의 성남, 용인, 광주 일대에 집단 공원묘지 20여 개가 있다. 몇 개를 살펴보면 엘리시움과 시안 가족공원묘지는 국세가 좋은 남향받이에 위치한다. 문형산을 배산으로 앞에서 능원천이 조수로 들어오는 조수지국의 명당이요, 물형으로 보면 문형산하 상제봉조형의 명당이다. 고려말 예문관 대제학이 이곳에 내려와 쉬면서 경치가 아름다워 이 산을 문형산(文衡山)이라 칭했다. 문형(文衡)이란 뜻은 예문관, 홍문관의 수장인 정이품 대제학의 별칭이다. 문형산 아래로 엘리시움, 시안 등 명당 공원묘원이 있다. 엘리시움은 그리스 신화에서 천국이자 고요한 땅을 의미하며, 시안(時安)은 '영원토록 편안한 땅'을 의미한다.

수많은 신하가 혈처를 향해 임금을 받드는 형태를 취하는 것을 물형으로 상제봉조형이라 한다. 주변 산들이 임금을 받들 듯이 유정하게 혈처를 보호하므로 최고의 명당으로 친다. 문형산에서 뻗은 용맥

▲ 용인 시안 가족공원묘지

은 상하기복과 좌우요동의 활발한 기상을 뿜으며 혈처를 형성한다. 주산, 안산, 청룡, 백호의 사세가 균형 있게 잘 갖추어져 황금비율의 국세를 형성하며, 바람으로부터 보호받는 안온한 곳이다. 주산이 가장 우뚝하고 청룡·백호가 유정하게 감싸주며, 조안산의 전망이 넓게 들어온다. 능원천이 조수 후 횡류하여 경안천과 합류한다. 물이 모여들고 수구(水口)가 좁으니 재물이 모이는 터요, 산과 물이 만나는 용진처로 음양이 조화된다.

공원묘지에서 명당을 찾는 방법

공원묘지는 대부분 국세를 잘 갖춘 곳에 위치한다. 공원묘지 내에서 명당을 찾는 방법은 한 치가 높은 곳이어야 하며 생토여야 한다. 계곡이나 메운 땅은 피해야 한다. 으뜸인 곳은 주산의 모양이 단정하고 국세 내 중심 용맥을 타고 주변 산의 보호를 받으며 혈처를 형성한 곳이다. 용인 근처의 광주공원묘지에 가면 용마산을 주산으로 공원묘지가 위치한다. 중심 용맥에 재벌가의 묘소, 대통령가의 묘소 등 유명인사들의 묘가 자리 잡고 있다. 이러한 곳이 공원묘지 내 명당에 해당한다. 명당을 찾으려면 공원묘지 내 중심 용맥을 유심히 볼 것이다.

용인의 에버랜드는 삼성의 이병철 회장이 우리나라의 산지가 헐벗고 버려져 있을 때 산의 용도를 올리기 위해 개발한 땅이다. 서북쪽 산이 높아 북서풍을 막아주고, 사방으로 산들이 둘러주어 수많은 용맥이 뻗어 내리면서 분지를 형성하고, 물은 서출동류(西出東流)하고 있다. 아침 일찍 태양의 정기를 받아 풍수적으로 보면 매우 쓸만한 명당 지역이다. 에버랜드는 삼성에 입사했을 때 신입사원 입문교육을 받던 곳이다.

▲ 광주공원묘지 중심 용맥

당시에는 에버랜드 가장 높은 곳에 동방연수원이 있었다. 뒤로는 산을 등지고 앞으로는 넓게 산들이 겹겹이 펼쳐지며 삼태봉이 조산으로 들어오는 명당 지역이다. 연수원이 위치한 곳은 에버랜드의 중심 지역이다. 1년에 몇 번씩 와서 강의를 듣거나 강의하던 곳, 풍수를 공부하고 보니 삼성연수원은 명당의 요건을 구비한 곳이었다. 에버랜드는 놀이공원, 연수원, 미술관, 체육시설 등 교육문화시설이 배치되어 있다. 앞으로 더 많은 용도로 활용되겠지만, 헐벗었던 산지를 개발하니 가장 값진 땅이 되었다. 생거진천 사후용인, 용인을 대표하는 명당으로 쓰임을 받는 복된 땅이 되기를 기원한다.

2. 충청권

1) 가야산 공원의 2대 천자지지, 남연군 묘

왕권이나 대권을 꿈꾸는 사람들은 조상의 묘를 어디에 모셔야 왕이 되고 대통령이 되는지 관심을 갖는다. 조선조 말기 안동 김씨의 세도에 밀려 왕권을 행사하지 못하던 시대, 고종의 부친인 이하응은 12세에 모친을, 17세에 부친을 여의고 미치광이 행세를 하면서 세월을 보냈다.

당시 안동 김씨들이 정권을 좌지우지하고 있었다. 안동 김씨에게 잘못 보이면 역모로 몰려 죽거나 귀양을 가야 했다. 속으로는 왕권을 찾아 나라를 굳건히 하려는 야심을 품고 전국을 유람하며 풍수 공부에 열중했다.

2대 천자지지의 땅

1822년 인평대군의 6세손인 부친 남연군이 돌아가시고 난 뒤 한 지

▲ 2대 천자자지 남연군 묘

관이 찾아와 명당자리를 알려주었다고 한다. 지관은 가야산 동쪽에 2대 천자지지(天子之地)가 있고, 오서산에는 만대영화지지(萬代榮華之地)가 있다고 했다. 흥선군은 두말할 것도 없이 가야산의 천자지지(天子之地)를 선택했다.

  가야산의 2대 천자지지 터에는 이미 가야사라는 절이 들어서 있었고, 시신을 모셔야 할 곳에는 탑이 서 있었다. 야심에 차 있던 흥선군은 경기도 연천에 있던 아버지 묘를 영조 때 판서를 지낸 윤봉구의 사패지지(賜牌之地, 임금이 내려준 땅)인 가야사 뒤 산기슭에 자리를 빌려 500리 길을 넘어 임시로 이장했다. 그리고 흥선군이 재산을 처분해 받은 2만 냥의 반을 주지에게 주어 중들을 쫓아내고 가야사에 불을 질렀다.

  탑을 헐기 전날 밤에 흥선군의 사 형제는 모두 똑같은 꿈을 꾸었다.

꿈에 수염이 흰 노인이 나타나 "나는 탑신이다. 너희들은 어찌하여 나의 자리를 빼앗으려 하느냐? 만약 일을 벌인다면 사 형제가 모두 폭사하리라"고 말했다.

깜짝 놀라 잠에서 깬 형들이 꿈 이야기를 하니 흥선군은 "그렇다면 이곳이 진짜 명당이다. 사람의 운명을 어찌 탑신이 관장하겠느냐"며 형들을 설득하여 1845년 뒷산에 임시로 모셨던 부친을 이곳으로 옮기고, 뒷날 도굴을 염려하여 철을 녹여서 붓고, 강회로 비벼서 덮어 봉분을 했다.

흥선군이 이곳에 묘를 이장한 후 7년 만에 둘째 아들 재황(명복)을 얻었으며, 그로부터 11년 뒤인 1863년 철종(1831~1863)의 뒤를 이어 고종(1852~1919)을 등극시켰다. 그러나 1907년 헤이그 만국평화회의에 이준 등 밀사를 파견한 사건에 연루되어 고종이 물러나고, 손자인 순종(1874~1926)이 황제로 등극했으므로 남연군(?~1822) 묘는 2대 천자지지로 끝이 났다.

안동 김씨 세도에 밀려 왕권을 빼앗기고 조롱의 대상으로 살아가야 하는지 아니면 2대의 왕을 할지라도 왕권을 찾을 수 있는 천하대지에 조상을 모셔야 하는지 흥미의 대상이 되는 곳이 가야산 자락의 남연군 묘이다.

임금이 나오는 땅, 충남 예산

충남 예산은 산세와 수세가 좋아 대권을 꿈꾸는 사람들이 조상의 묘를 예산으로 옮기기도 한 특별한 곳이다. 흥선대원군 이하응(李昰應)이 아버지인 남연군 이구(李球)를 모신 이곳은 과연 2대 천자지지의 명당인가. 아니면 조선의 몰락을 가져온 흉지에 속하는가.

우리나라 풍수의 대가 손석우 옹은 그의 저서《터》에서 이 자리를 다음과 같이 소개하고 있다.

"수구매기 양쪽에 솟아 있는 봉우리가 자웅으로 되어 있고 그것이 역수사(逆水砂)를 이루어 수구(水口)를 거두어준다. 수구를 지나 산골짜기 쪽으로 올라가면 꼬불꼬불 흘러내리는 계곡을 따라 청룡과 백호의 머리가 마치 서로 팔짱을 끼듯이 상접하고 있다. 산세가 이렇게 생긴 데에는 그 안쪽에 반드시 대명당이 있다.

서쪽에서 발원하여 동쪽으로 흘러내려가는 산골짜기를 따라 계속 올라가니 산세는 더욱 수려하다. 상당히 널따랗게 펼쳐진 가야산 한복판에 마치 임금이 병풍을 두르고 정좌하고 있는 것 같은 산이 시선을 끈다.

중앙에 나지막한 산봉우리로 올라가 사방을 바라보니 주룡 쪽 양편에는 천을태을(天乙太乙) 등의 귀봉(貴峰)이 솟아 있고, 삼길육수(三吉六秀)와 사신팔장(四神八將)이 저마다 정기를 내뿜어 혈처를 비추어 주고 있다."

그리고 손석우 옹 자신도 죽은 뒤에 이곳, 남연군 묘 뒤의 산 끝자락에 조그마하게 자리를 잡았다. 이곳이 국세가 좋고 아직 명당 지역이 남아 있다고 생각함이 아니었을까.

남연군 묘의 장점

혈을 맺는 주산은 산천 정기를 직접 공급해 주는 모체 산이기 때문에 단정하고 수려해야 한다. 가야산은 금북정맥이 오서산(790.7m)을 지나 가야산(677.6m)을 일으키고, 서쪽으로 원효봉(605m), 북동쪽으로 석문봉(653m), 옥양봉(593m), 서원산(473m)으로 이어진다.

남연군 묘는 좌우에 천을태을(天乙太乙) 산이 솟았다. 가야산이 천을이요, 중앙의 석문봉이 주산이며, 좌측으로 옥양봉이 태을이다. 청룡의 주맥산은 서원산이고, 백호의 주맥산은 원효봉이 된다. 5대 명산이 기세가 등등하게 혈처를 에워싸고 있다.
　용세를 살펴보면 부귀빈천은 기맥에 있어 석문봉에서 삼태봉을 만들고 평지 낙맥한 연후에 위이굴곡을 거쳐 반구형으로 솟아 천리행룡이 이곳에서 결혈했다.
　그리고 묘 앞 우측에는 바위가 있는데 옥쇄에 해당한다. 박정희 대통령 선대 묘는 옥쇄가 앞에 있는데 '도장 인(印)', '바위 암(巖)' 자를 써서 '인암(印巖)'이라고 한다. 왕이 되자면 인암이 있어야 한다.

▼ 반구형 모양의 남연군 묘, 후룡에서 바라본 모습

남연군 묘의 부족한 점

남연군 묘의 부족한 점은 가까운 안산이 없고, 물이 빠져나간다는 것이다. 안산이 없으면 내 부하가 없거나 자손이 없고, 물이 빠져나감은 사람도 떠나고 재물도 빠져나간다는 의미다.

또한 가까이 호종하는 청룡·백호가 없고, 크게 돌아주는 백호와 청룡의 산이 높다. 백호는 지손 또는 여자를 상징하는데 백호가 멀지만 너무 커서 백호 쪽이 판을 친다. 청룡은 겹겹이 감싸주지만 그중 한 가닥이 혈자리를 치고 들어온다. 청룡은 장손과 남자를 상징하는데 내 자리가 힘이 있으니 이를 무시해야 하는가. 아니면 그 정도의 살기(殺氣)는 감수해야 하는가.

신령스러운 공력으로 천명을 바꾼다

자연은 정직하다. 자연은 완벽함이 없다. 풍수는 길함과 흉함을 보아 흉한 것보다는 길한 것이 많은 터를 선택한다. 그리고 부족한 것은 비보로 보완한다. 흥선대원군은 이 묘터를 잡으면서 이 묘의 길함과 흉함을 알았을까?

역사적 자료를 살펴보면 흉함이 있음에도 왕권을 찾을 수 있다는 일념으로 이 자리를 선택했다. 남연군 묘는 2대 천자지지로 끝나지만, 자신의 묘를 명당에 잡으면서 다시 왕권이 이어질 수 있다고 보았다. 그래서 흥선대원군은 본인의 자리를 직접 잡았고, 죽은 뒤에 그 자리에 들어갔다. 그러나 1906년 조선의 국운 번창을 염려한 일제의 계략에 의해 흥선대원군 묘는 파주군 대덕리로 이장되고, 1966년에야 다시 남양주시 지곡리로 이장되어 현재에 이른다. 또한 남연군 묘 후룡을 저수지를 만든다는 핑계로 입수 용맥을 잘랐다. 그것도 모자라 묘에 구멍을 뚫어 인분을 집어넣었다고 한다.

남연군 묘는 충남 예산의 가야산 공원 내 상가리에 위치한다. 오늘날에도 대권을 꿈꾸는 사람들이 조상의 묘를 예산으로 이장한다고 한다. 조상의 묏자리가 나라의 미래를 결정하고 가문의 흥망성쇠를 좌우하는가는 결국 의사결정권자 당사자의 몫이 되는 것 같다. 그래서 풍수는 탈신공개천명(脫神功改天命), 즉 '신령스러운 공력으로 천명을 바꾼다'고 한다.

2) 서산에서 태안까지, 부처의 미소

서산과 태안 지역은 반도로 볼록 나와 있어 서해에서 중국과 가장 가까운 땅이다. 서산(瑞山)이란 지명은 '복되고 즐거운 일이 많은 조짐의 땅'이라는 의미이고, 태안(泰安)은 '국태민안(國泰民安)'이라 하여 나라와 백성들의 안녕과 소원을 담아 붙여진 지명이다. 태안은 예로부터 왜구와 몽고의 침입 등 적들의 침략을 방어하기 위해 군사가 주둔했고, 태평성대 시대에는 중국과의 무역과 문화 교류의 장소였다.

백제의 미소, 서산 마애여래삼존상

마애여래삼존상은 바위에 새긴 삼존불로 과거, 현재, 미래의 세 가지의 불(佛)이다. 백제시대 600년경에 만들어졌다고 하는데, 가운데 부처가 현재의 불로 가장 크고 앞으로 나왔다. 오른쪽에는 과거의 불, 왼쪽에는 미래의 불이 배치되었다. 중국에 갈 때 이곳에서 배를 타고 나가야 했다. 바다는 늘 두려움의 대상이었다. 사람들은 마애여래삼존불상을 통해 과거, 현재, 미래의 안녕을 약속받았던 것이다. 삼존상은 동짓날 해 뜨는 방향, 1년이 시작되는 방위에 새겨져 있다.

▼ 서산 마애여래삼존상

삼존불의 특징은 미소다. 미소가 시간에 따라, 계절에 따라, 다르게 느껴진다. 여름에는 강렬한 미소, 봄에는 부

드러운 미소다. 그 변화가 신비로울 따름이다. 가운데 부처는 40세 정도이고, 우측은 20세 미인의 얼굴로 햇빛이 강렬하게 비친다. 좌측에 있는 미래불은 6~7세의 어린이 얼굴로 순진한 미소를 머금고 있다. 마애여래삼존상은 백제시대에 만들었는데, 1,400여 년이 지난 오늘날에도 그 미소는 변함이 없다.

상왕산 아래 명당에 자리 잡은 개심사

여러 짐승 가운데 코끼리가 가장 힘이 세고 으뜸이니 코끼리에 빗대어 산의 이름을 상왕산(象王山)이라고 했다. 상왕산의 우뚝 솟은 봉우리를 주산으로 좌우로 청룡과 백호의 능선이 감싸주고, 앞으로는 연못이 있어 지기(地氣)를 멈추어 준다. 그래서일까. 이곳에 있으면 마음이 편안해진다.

삼국시대에는 개원사라고 했고, 고려시대에 이르러 '마음을 열어주는 절'이라는 뜻의 개심사(開心寺)로 개칭했다. 우뚝하게 솟은 산봉우리에서 능선이 내려오고, 좌에서 우로 물길이 흘러간다. 또한 우측의 능선이 깊게 감싸주니 산수(山水)가 배합되고 생기가 모여드는 명당터다. 명당에는 오래 머물수록 명당의 기운을 받을 수 있다.

무학대사의 출생지, 간월도

간월도는 썰물이 되면 육지와 연결되고, 밀물이 되면 섬으로 바뀌는 음양교구지지(陰陽交媾之地)의 섬이다. 간월도에서 무학대사가 태어났다는 전설이 전해져 내려오고 있다. 갓 태어난 아이를 풀숲에 두고 어미가 관가에 불려갔다가 돌아와 보니, 학이 아이를 품고 있어 '무학(舞鶴)', 후에 '무학(無學)'이라 이름 지었다고 한다. 또한 무학이 이곳에서 수도하던 중 언뜻 비치는 달을 보고 깨달음을 얻었다 하여 '간월도(看月島)'라는 지명이 생겨났다. 후에 무학은 조선이 개국하는 데 일조한 대사가 되었다.

배산임수의 배치가 탁월한 해미읍성

해미읍성은 조선 초기 서해안을 지키는 군부대였다. 조선 중반기에 관아가 들어서서 읍성이 되었다. 고종 때 예산 남연군묘 도굴 사건이 일어났을 때 천주교인들이 관련되었다고 하여 많은 박해를 받았다. 당시 수많은 천주교인이 희생되었던 이곳은 천주교의 성지로 최근에 프란치스코 교황이 방문하기도 했다.

'해미(海美)'는 '바다가 아름다운 곳'이라는 의미를 지닌 지명으로, 조선시대에 동네 앞까지 바닷물이 들어왔다고 한다. 읍성은 등뒤로 가

▼ 서산 간월암

▲ 서산 해미읍성 청허정

야산 자락을 지고 있는 형태의 배산임수로 배치되었다. 좌로는 황락천이 해미천과 합수하여 좌에서 우로 횡류하고, 우로는 반양천이 도당천과 합수 후 다시 해미천을 만나 산수(山水)가 조화되는 곳이다.

다양한 수종으로 아름다운 천리포수목원

천리포수목원은 탄생 배경이 흥미롭다. 한국은행에 근무하던 외국인이 이곳을 방문한 적이 있었다. 그 외국인이 돈이 많아 보였는지 땅 주인이 땅을 사라고 권했다. 외국인은 가지고 있던 재산을 다 팔아 땅을 사서 가꾸게 되었고, 오늘날의 천리포수목원이 되었다.

우연한 기회에 태안의 해안가, 백리포, 천리포, 만리포가 있는 곳에 인연을 맺고 천리포수목원을 만들게 된 외국인은 귀화하여 30년 동안 세계 각국의 나무와 꽃들을 들여와 가꾸었다고 한다. 죽어서 한 줌의 흙이 되어 천리포수목원의 나무 아래 명당에 묻혔다.

바닷가 해변으로는 작은 언덕이 있어 바람을 막아주고, 타원형으로 둥글게 지대를 형성하여 생기(生氣)가 모이며, 철 따라 피는 꽃들을 보며 마음을 내려놓을 수 있는 곳이다. 천리포수목원은 아시아 최초로 '세계의 아름다운 수목원'으로 선정되었고, 많은 사람이 방문하는 힐링의 장소가 되었다.

106년 만에 개방된 옹도섬

수목원을 둘러본 후 안흥 신진도항에서 배를 타고 옹도에 도착했다. 망망대해에 홀로 서 있는 모양이 마치 독, 옹기와 같이 생겼다 하여 '옹도(甕島)'라는 이름이 붙여졌다. 옹도는 2012년 6월, 106년 만에 개방된 비밀의 섬으로 유인 등대가 있는 곳이다.

섬에 도착해 계단을 따라 올라가면, 섬 주변으로 펼쳐진 풍경이 너무도 아름다워 탄성이 절로 나온다. 서북쪽 면은 가파르고 바람이 세지만, 동남쪽 면은 뒤쪽으로 산을 등지고 있어 바람을 막아준다.

등대지기 노래가 이곳에서 나왔다. "얼어붙은 달그림자 물결 위에 차고/ 한겨울에 거센 파도 모으는 작은 섬/ 생각하라 저 등대를 지키는 사람에/ 거룩하고 아름다운 사랑의 마음을…" 노랫말이 정겹다.

돌아오는 길에 돛대바위, 독립문바위, 사자바위, 거북바위, 부부바위, 피노키오바위 등 기이한 형태의 바위도 조망할 수 있다. 옹도 탐방을 마치고 안흥성을 들려 태안의 마애삼존불을 보기 위해 발걸음을 재촉했다.

국태민안의 마애삼존불

▲ 태안 마애삼존불

탐방을 서산 마애여래삼존상에서 시작했는데, 마치는 곳을 태안의 마애삼존불로 잡게 되었다. 우연인지 필연인지 흥미롭다. 태안의 마애삼존불은 태안의 주산 백화산에 있다. 이곳의 마애삼존불은 해가 뜨는 쪽을 바라보고 있다. 태안의 마애삼존불은 가운데 불이 작고 뒤로 물러서 있다. 풍수적으로 보면 가운데가 크고, 좌우가 더 작아야 균형이 맞는데 가운데가 작다. 그래서 뒤로 물러난 것인가. 비바람을 피하고 바람으로부터 보호하려고 건물을 지었는데, 삼존불의 보존 상태는 오히려 서산 마애여래삼존상만 못하다. 서산 마애여래삼존상도 처음에 보호를 위한 건물을 지었으나 습기가 차고 삼존불이 변해 도로 걷어냈다. 그랬더니 원래의 상태로 돌아왔다고 한다.

마애삼존불이 위치한 곳은 자연적 조건이 잘 맞는 곳이다. 자연적으로 통풍이 되고, 태양이 비추는 곳이다. 문화재는 보호하는 것이 아니라 보존하는 것이다. 자연 그대로 놔두는 것이 더 오래 보존하는 방법일 수 있다. 국태민안(國泰民安), '나라가 태평하고 백성들의 생활은 평안하라'고 마애삼존불은 오늘도 밝은 미소를 짓고 있다.

3) 삼산이수(三山二水)의 땅, 청주

통합청주시의 역할

청주시와 청원군이 통합되었다. 청주시는 우암산을 주산(主山)으로 무심천이 가로지르는 행주형(行舟形)의 도시로 청원군에 둘러싸여 성장에 한계가 있었다. 이제는 외곽을 넓혀 거대 통합청주시가 되었다.

충청북도는 백두대간 속리산 천황봉(1,058m)에서 북진하는 한남금북정맥을 사이에 두고 남한강과 달천을 중심으로 한 북부권과 금강, 미호천을 중심으로 한 남부권으로 나누어진다. 통합청주시는 금강권 미호천을 중심으로 광활한 평야가 형성된다.

통합 전 청주시는 우암산에 의지해 도시가 건설되었다. 이제 통합청주시는 권역이 확대되어 새롭게 그림을 그려야 할 때다. 통합청주시가 주목해야 할 곳은 우암산(338m)과 동림산(458m) 그리고 부모산(232m)으로 연결되는 삼산(三山)이요, 무심천과 미호천의 이수(二水)이다. 무심천과 미호천의 이수가 만나 거대 평야를 이루면서 통합청주시의 권역이 확대되었다.

무심천의 동쪽에 우암산, 무심천 서쪽에 부모산, 미호천 북쪽에 동림산이 위치한다. 우암산은 서향, 부모산은 동향을 하고 있다. 동림산은 남향의 산이다. 세 개의 산이 서로 마주 바라보며 응기(應氣)하고 있고, 안쪽으로 무심천과 미호천의 2개의 물이 만나 통합청주시의 젖줄 역할을 한다.

도시를 형성함에 있어 산이 모여들고 물이 모여들어야 대도시가 형성되고 도시가 발전한다. 이제 통합청주시는 그 발판이 마련되었다. 동림산에는 동림산성이 있어 나라를 지키던 보루였고, 고려시대에 강감찬 장군이 이곳에서 말년을 보냈으며, 임진왜란 때에 이곳에서 군사를 훈련시켰다.

부모산(232m)은 고려시대 몽고족의 침입 시 부모산으로 피신해 백성을 구했다고 한다. 산의 은혜가 부모와 같다고 해 붙여진 이름이다. 우암산(338m)은 속리산 천황봉에서 북쪽으로 뻗어 내려온 한남금북정맥의 산줄기가 서쪽으로 뻗어 내려 청주의 진산이 되었다. 부모산에서 바라보면 산의 모습이 소가 누워 있는 모습이라 해 와우산(臥牛山)이 되었고, 와우산이 다시 우암산(牛岩山)이 되었다.

무심천은 청주 동쪽 산에서 발원해 북쪽으로 흘러가는 남출북류의 하천으로 무심하게 말없이 흐른다 해서 무심천이라고 한다.

미호천은 한남금북정맥 마이산(472m)에서 발원해 진천평야를 형성하고 무심천과 만나 미호평야(청주 분지)를 만든 후 금강과 합류해 서해안으로 흘러간다. '한국의 아름다운 하천 100선'에 들어갈 정도로 아름다워 미호천이라는 이름이 붙여졌다.

청주는 우리나라 국토의 중심지이다. 인구 50만이었던 청주시가 통합되면서 80만의 청주시가 되었고, 앞으로 100만의 통합청주시대가 열릴 것이다. 오송역으로 KTX가 지나가고, 동서남북으로 교통이 발달했다. 통합청주시 인근에는 세종시가 있어 통합청주시의 역할이 증대될 것이다.

풍수에서 산관인정 수관재물(山管人丁 水管財物)이라고 해 산에서 인물이 나고, 물에서 재물이 난다고 한다. 통합청주시는 동림산, 우암산, 부모산 등 3산이 서로 유정하게 응기하여 산관인정의 도시가 되고, 미호천과 무심천의 2수가 만나 평야를 형성해 수관재물의 터를 형성한다. 3산을 잘 보호하고 2수를 잘 활용하여 도시를 개발하면 200~300

만 명의 거대도시 청주시로 도약이 가능하다. 그러기 위해 가장 우선적으로 할 일은 통합청주시 주산의 개념을 새롭게 잡고 삼산이수(三山二水)의 생태를 보전하는 일이요, 자연적으로 부족한 것을 인공적으로 보완하는 것이 제1의 과제가 될 것이다.

▲ 청주시청

청주의 진산(鎭山)은 우암산이다. 우암산의 원래 이름은 와우산(臥牛山)이라고 한다. 부모산에서 바라본 모습이 소가 누워있는 모습과 같다고 해 붙여진 이름이다. 소는 부지런하고 인간에게 많은 도움을 주고 있어 부(富)의 상징으로 본다.

청주의 진산 우암산과 무심천

우리나라가 어려웠을 때 소의 상징을 앞세워 경제 부흥 활동을 시작했고, 오늘의 10대 경제대국 대한민국이 되었다. 청주시의 상징은 우암산의 정기를 받는 소의 이미지다. 우암산은 남쪽에서 북쪽으로 흘러가던 산맥이 서쪽으로 방향을 틀어 서향판의 지세를 형성하고 있다. 우암산을 주산으로 해 서쪽을 바라보면 무심천은 남쪽에서 북쪽으로 횡류하며 흘러간다. 산이 물을 만나면 지기(地氣)가 멈추어 생기(生氣)를 응축한다고 한다. 바로 우암산과 무심천 사이에 청주의 도심이 자리 잡았으며 충북도청과 청주시청이 위치한다.

충북도청과 청주시청이 우암산의 정기를 제대로 받자면 우암산의 정기를 받을 수 있는 건물의 좌향과 배치가 이루어져야 한다. 건물의 좌향은 자연과 어우러지는 배산임수(背山臨水), 전저후고(前低後高), 전착후관(前窄後寬) 3대 원칙이 전통적으로 적용된다. 주산을 배산으로 해 물과 마주하는 배치가 자연과 어우러지며 주산의 기운을 제대로 받을 수 있는 배치가 되는 것이다.

충북도청사나 청주시청사는 배산임수의 원칙을 택하지 않고 남향 우선의 배치를 했다. 배산임수의 기본 원칙보다 남향 사상을 우선시했다. 그러다 보니 주산의 기운을 제대로 받지 못한다. 더욱이 우암산 꼭대기에 철탑이 박혀 있어 마치 소가 코뚜레에 꿰어 고삐에 매여 있는 형상과도 같다.

청주는 신수도권의 관문으로서 청원군으로 둘러싸여 우리 안에 있었는데, 청원군과 통합해 통합청주시가 되면서 영역이 확대되었다. 그동안 소가 우리 안에 갇혀 있었다면 이제는 고삐를 풀고 들판으로 나가야 할 때다. 마침 청주시는 통합시청사를 새로 건축할 예정이다. 구 시청사는 청주가 행주형의 도시라 청주시청사를 배의 모양으로 지었다. 뱃머리가 우암산을 향하고 있어 배가 산으로 가는 형상이었다. 새로 건축되는 통합시청사는 우암산의 정기를 제대로 받을 수 있는 배산임수의 기본 원칙이 적용되어 통합청주시의 발전을 기약하는 가상과 배치가 반영되기를 기원한다.

청주 시내를 가로지르는 무심천은 우암산과 더불어 청주를 상징하는 대표적 하천이다. 청주의 지세는 남고북저, 동고서저로 무심천은 남쪽에서 북쪽으로 청주시를 가로지르며 남출북류한다. 그리고 동쪽에서 발원한 물은 동출서류하여 무심천과 합류 후 북쪽으로 흘러간다.

우암산의 정기를 받는 곳은 우암산을 배산으로 좌우 양쪽에 물길이 있고 무심천과 만나는 중심부이다. 청주의 도심권에는 월운천, 영운천, 율량천, 발산천이 동출서류해 무심천과 합류한다. 도심의 가장 중심부를 흐르는 영운천과 율량천은 매우 중요하게 보아야 할 하천이며 두 하천 사이 중심부에 주요기관이 우암산을 배산으로 제대로 자리 잡아야 우암산의 정기를 제대로 받을 수 있게 된다.

청주시가 발전하려면 가장 중요한 것이 청주시청의 입지이다. 시청사가 좋은 입지에 자리 잡고 건물의 가상과 배치가 맞아야 그곳에 근무하는 사람이 좋은 아이디어를 내고 실행력을 갖는다. 따라서 새롭게 건립되는 청주시청사는 우암산의 정기를 제대로 받아 통합청주시를 풍요롭게 만들어 가는 산실이 되기를 바란다.

무심천(無心川)을 유심천(有心川)으로

무심천은 통일신라 때 남석천(南石川), 고려 때 심천(沁川), 대교천(大橋川), 조선시대에 무성(武城)뚝, 일제강점기 때 무심천(無心川)으로 불렸

▼ 청주 우암산

다. 그 사연을 알 바 없이 무심하게 흐르는 냇물이라 하여 무심천(無心川)이라고 했다는 설화가 전해진다.

  무심천은 청주 지역에 매우 유용한 하천이고, 청주시의 발전에 중요한 역할을 담당한다. 우리나라의 산천은 북쪽이 높고 남쪽이 낮은 북출남류(北出南流)의 하천이 대부분이다. 청주는 동쪽이 높고 서쪽이 낮으며, 남쪽이 높고 북쪽이 낮은 지형이다. 따라서 무심천은 다소 특이한 남출북류(南出北流)의 하천이다. 북쪽으로 흐르던 무심천은 미호천을 만나 다시 방향을 틀어 남서쪽으로 흘러가다 남쪽에서 북쪽으로 올라오던 금강을 만나 서해안으로 빠져나간다.

  무심천의 물은 청주 지역을 다시 한번 감싸주며 생기를 응집한다. 자연의 형세를 보면 무심천은 무정(無情)하게 흘러가는 물이 아니라 청주를 유정(有情)하게 굽이굽이 감싸며 유심하게 흘러가는 유심천(有心川)이다. 풍수에서 물길은 횡류하는 물을 중요하게 본다. 물이 직거수(直去水)로 똑바로 흘러가면 생기도 빠지고 사람도 떠나고 재물도 떠난다고 해석한다. 그런데 청주의 무심천은 남에서 북으로 횡류하니 청주의 진산인 우암산을 타고 내려오던 생기가 무심천을 만나 멈춘 곳이 청주의 도심지다. 원래 무심천의 물길은 더 안쪽으로 들어왔으나 1906년 8월의 대홍수로 인해 유로(流路)가 변경되었고, 1939년과 1969년 도시가 정비되면서 유로를 다시 서쪽으로 변경시켜 직강화(直江化)하면서 오늘날의 무심천이 되었다.

  물길을 직선화하면 물이 빨리 흘러 바람길이 되고 생기를 가두지 못한다. 생기를 가두려면 물이 천천히 흘러야 하고, 물이 모여들어야 한다. 물을 천천히 흐르게 하는 방법은 무심천에 수중보를 만드는 것이다. 서울의 한강이 88올림픽을 계기로 수중보가 설치되면서 한강의 유속이 느려졌으며, 이후 한강변이 더욱 각광받는 계기가 되었고 서울의 발전이 가속화되었다.

다음으로 무심천을 유심천으로 만드는 방법은 무심천 하구 지역에 생태공원을 조성하는 것이다. 도시에 생기가 모이려면 물이 빠져나가는 수구처(水口處)를 좁게 관쇄하고, 물이 흘러나가는 쪽에 있는 사(砂)인 하수사(下水砂)가 잘 갖추어져야 한다. 좋은 예로 순천에 가면 순천동천이 순천만으로 흘러간다. 이곳에 자연생태공원 외에 순천동천 하류 쪽에 순천만 정원을 조성해 순천을 안온한 도시로 만들어 순천의 비약적 발전을 견인하고 있다. 청주에 무심천과 미호천이 만나는 합수부에 문암생태공원이 있다. 공원을 중심으로 생기가 빠져나가지 않도록 인공산, 방풍림, 인공저수지 등을 조성한다면 청주시의 도심지가 지금보다 안온해질 것이며 청주의 발전을 가속화하는 데 도움이 될 것이다.

청주는 물이 도심을 가로지르고 물길이 환포하고 있어 형국으로 보면 행주형(行舟形) 도시로 본다. 조선시대에 청주 읍성 내에 철당간(12.7m)을 설치했고 청주시청사를 건축하면서 시청사를 배의 모양으로 형상화했다. 서울의 여의도가 행주형인데 63빌딩이 들어섰고, 서울의 잠실이 행주형인데 123층의 롯데월드타워(555m)가 들어섰다. 청주에는 어느 곳에 돛대 역할을 할 상징적인 건물을 둘 것인지 이제는 검토할 때가 되었다고 본다. 지혜를 모아 여러 방법을 모색해 무정한 무심천을 유정한 유심천으로 만들어가야 할 시점이 도래했다. 청주 도심을 활성화하고 통합청주시의 발전을 가속화할 때가 바로 지금이다.

4) 나라의 중심, 충주

충주는 백제 땅이었으나 고구려 장수왕이 한강 유역까지 진출해 이를 기념하기 위해 장수왕의 손자 문자왕이 고구려 남방한계선에 고구려비(碑)를 세운 곳이다. 통일신라시대에는 가야를 통합하고 가야의 귀족을 이주시켰으며, 충주를 국원소경이라 해 제2의 수도로 삼은 곳이기도 하다. 또한 원성왕 때 통일신라의 중앙을 확인하기 위해 남쪽과 북쪽 끝에서 사람을 출발시켜 만나는 한가운데 중앙탑(中央塔)을 설치하고 충주가 나라의 중심임을 표시했다.

후삼국을 통일한 고려 태조 왕건은 충주를 가운데 중(中)과 마음 심(心)자를 합해 충성의 뜻을 담아 충주(忠州)로 개칭했다. 조선조에 와서 태종이 전국을 8도로 나누면서 지역별로 대표되는 도시의 이름 첫 자를 따서 도명을 지었는데, 이곳 충주(忠州)와 청주(淸州)의 첫 글자를 따서 충청도라고 했다. 충주는 역사적으로 우리나라의 중심 역할을 해왔고 고비마다 중요한 지역으로 자리매김했다.

조선시대 땐 과거시험을 통해 나라의 인재를 등용했다. 영남 및 호남의 선비들이 한양으로 과거를 보러 갈 때 여러 길이 있었는데도 충주를 경유했다. 이유는 백두대간을 넘어가는 길은 영주·단양의 죽령(竹嶺), 김천·영동의 추풍령(秋風嶺), 문경·충주의 조령(鳥嶺)이 있었는데, 죽령을 넘으면 과거에 미끄러진다는 전설이 있고, 추풍령을 넘으면 추풍낙엽처럼 떨어진다고 해서 조령을 많이 이용했다.

1592년 임진왜란이 일어나자 조총으로 무장한 일본 대군을 조령에서 막을지 충주 탄금대에서 막을지가 검토되었다. 훈련되지 않은 군사와 기마병을 데리고 싸울 때 평야 지대인 충주에서 기마전을 하는 것이 승리할 것으로 예측해 배수의 진을 치고 전쟁을 벌였다. 그러나 8천여 명의 군사로 2만 5천 대군을 상대하기엔 역부족이었다. 풍수에서 배산임수(背山臨水)를 근본으로 삼고 역배산임수를 가장 불리한 것으로 본다. 충주 땅은 백두대간 월악산을 배산(背山)으로 남한강과 달천이 감싸 도는 북향 땅이다. 그러므로 남쪽에서 올라오는 일본 왜군을 대적하기엔 지형지세를 활용해 조령에서 배산의 진을 치고 왜군을 상대했으면 더 좋았을 것으로 본다.

　삼국시대 요충지인 충주는 백제·고구려·신라 3국의 각축장이었다. 따라서 충주를 차지한 나라가 그 시대에 가장 번성했다. 신라는 충주를 점유하여 통일신라시대를 열었고, 고려는 충주를 국가에 충성하는 고장으로 지명(地名)까지 개칭했으며, 조선조에 와서도 충주를 으뜸의

▼ 충주 중앙탑

도시로 삼았다.

  충주는 태백에서 발원한 남한강과 속리산에서 발원한 달천이 합수하는 호반의 도시이며, 산과 물이 좋아 산수가 빼어난 곳이다. 산이 좋으면 인물이 나고, 물이 좋으면 재물이 난다고 '산관인정 수관재물(山管人丁 水管財物)'이라 했다. 음양오행의 관점에서 보면 충청도는 나라의 중심이어서 토(土)에 해당한다. 토의 성질은 모든 것을 받아들이고 중재하며 조정자의 역할을 담당한다. 그 예로 삼국을 통일한 중추적인 인물인 김유신 장군이 충청도 진천에서 출생했고, 충주로 이주한 우륵이 음악의 꽃을 피운 곳도 충주 탄금대이며, 병자호란 때 임경업 장군도 충주 출신이다. 나라가 위기에 처할 때마다 나라의 중심, 충주에서 큰 인물이 나와 충절을 발휘했던 것처럼 이제 토(土)의 성질을 가진 충주에서 통합, 통섭의 시대를 열어갈 중추적인 인물이 많이 배출되기를 기대한다.

5) 신선들이 사는 고을, 단양

산수가 아름다운 고을, 단양(丹陽)

단양은 인구 3만여 명이 조금 넘는, 충청도에서 가장 작은 군에 속한다. 단양은 산이 많고 계곡이 좁아 평야가 없어 많은 인구가 살기 어렵다. 그러나 산수가 좋아 동해안의 관동팔경과 더불어 내륙지방 단양팔경은 경치가 좋은 팔경의 대명사로 꼽히는 관광의 도시이다. 각 지역마다 아름다운 곳에 팔경의 이름을 붙여 자랑했다. 오늘날에는 팔경이 전국에 100여 곳이 넘는다.

단양은 태백산 검룡소에서 발원한 한강의 물길이 태백, 정선, 영월 등지를 굽이굽이 돌아오고, 백두대간 준령들이 속리산으로 뻗어가면서 다시 북쪽으로 산맥이 뻗어 산과 물이 만나는 팔경의 마을을 형성

▼ 단양 사인암

한다. 세 개의 봉우리가 물 가운데 솟아난 도담삼봉, 하늘 문을 열어 놓은 석문, 대나무 순같이 기암절벽이 빼어난 옥순봉, 거북이 모양의 구담봉, 신선들이 노닐던 상선암, 중선암, 하선암, 사인암 등 산수가 뛰어난 8곳을 단양팔경이라고 한다.

단양 도담삼봉

단양은 계곡이 깊고, 평야지가 적어 농업이 주업이었던 옛날에는 농사 짓기에 좋은 땅은 아니었다. 그래서인지 단양에는 큰 부자가 없었

▼ 단양 도담삼봉

다. 조선 후기 실학자 이중환(1690~1756)은 전국을 다니면서 지리·사회·경제를 연구해 《택리지》를 저술했다. "청풍 동쪽은 단양이고, 단양 북쪽이 영춘이다. 이 세 고을은 모두 시내와 골짜기가 험하고 들이 적다"고 〈팔도총론〉에 서술했다. 또한 〈복거총론〉에서 "영춘·단양·청풍·제천 네 고을은 비록 충청도 지역이지만, 사실은 한강 상류에 위치했다. 두메 가운데 강을 따라 석벽과 반석이 많다. 그중에서 단양이 첫째로 고을이 모두 만첩 산중에 있다. 10리 되는 들판도 없으나 강과 시내, 바위와 골의 훌륭한 경치가 있다"고 했다. 그러나 "영동은 바다에 바싹 다가 있고, 단양은 험하고 궁벽져서 모두 살만한 곳이 못된다"라고 했다.

그런데도 단양은 주목받는 고을이었다. 고려시대 역학에 통달한 역동 우탁 선생(1262~1342), 조선의 설계자 정도전(1342~1398)이 단양에서 태어났다. 단양에 자리 잡은 구인사는 100년의 역사가 안 되지만 천년고찰에 버금가는 천태종의 본산이 되었다. 단양은 인구가 3만여 명에 불과한 작은 고을이지만, 풍경이 아름다워 충청도에서 가장 많은 사람이 찾아드는 명승지가 되었다.

좋은 땅의 풍수는 산수(山水)의 조화로운 어울림이다. 돌이 많은 곳에서는 흙이 있는 곳이 명당이고, 계곡이 좁은 곳에서는 땅이 넓어지는 곳을 주목해야 한다. 물길이 도는 곳에서는 물길의 안쪽으로 기운이 모이고, 경사가 급한 곳에서는 평평해지는 평지 지역이 사람이 살만한 곳

2부 전국의 명당을 찾아서 179

이다. 단양은 연단조양(鍊丹調陽)이라고 해 '신선들이 사는 고을'이라는 데서 지명이 붙여졌다. 신선들이 사는 동네, 지역은 좁지만 풍경이 아름답고 토질이 좋아 무릉도원의 고을이다. 단양에서 나는 마늘, 사과, 약용작물은 인기 있는 단양의 특산물이다.

이미 선조 대로부터 단양은 산이 많고 계곡이 깊어 평지가 적지만, 경치가 아름다워 심신을 힐링하는 고을로 알려졌다. 단양이 한눈에 내려다보이는 만천하 스카이워크와 남한강변 절벽 아래 데크로 연결된 단양 잔도길은 많은 사람이 찾아오는 인기 코스가 되었다.

백두대간 산곡마을, 단양 올산(兀山)

단양 올산은 내가 태어난 고향마을이다. 어릴 적에 잠시 살았던 곳으로 항상 정이 가는 곳이다. 당시에는 왜 이렇게 산골에 사는가 생각했는데 지금 생각해 보면 참 특별한 동네인 것 같다. 해발 700~750m 고지로 둘러싸인 분지형 마을, 산들이 둥글게 병풍처럼 잘 둘러진 마을 올산에 진주 강씨가 처음 터전을 잡았고, 450여 년 전 강릉 김씨가 정착해 살아온 곳이다. 경주 김씨는 200여 년 전 예천에서 올산으로 산골을 찾아왔다고 전해진다.

요즘은 항공지도가 오픈되어서 전국 곳곳을 지도로 볼 수 있게 되었다. 우선 내가 태어난 동네를 검색해 본다. 백두대간 도솔봉에서 뱀재를 지나 서진하던 용맥이 저수령으로 가기 전 북진하여 방향을 틀고 다시 서쪽으로 방향을 바꾸어 분지를 형성한 곳, 산곡(山谷)에서는 장풍이 중요하다고 한다. 올산은 낮은 산으로 둘러싸이고 뒤로 큰 산들이 받쳐준다. 회룡고조형(回龍顧祖形), 조산에서 빙 돌아 내려와 몸을 튼 산맥이 다시 조산을 바라보는 형세로 방향을 틀어 분지가 형성된 곳이다. 750m 고지가 마을의 주산이며, 650m가 넘는 고지에 평평한 분지가 형성되어 있음이 신비스럽다.

올산은 정상이 858m다. 내올산을 지난 용맥이 덕고개에서 과협(過峽)이 지고 다시 솟아올라 만들어진 산이다. 과협이란 내려오던 산줄기가 주산(主山)을 만들어 다시 일어나려 할 때 안장처럼 잘록하게 된 부분을 이르는 말이다. 산이 우뚝 솟았다 하여 퇴계 이황 선생이 붙여준 지명, '우뚝할 올(兀)', '뫼 산(山)' 자를 써서 '올산(兀山)'이라고 한다. 올뫼, 올미라고도 부른다. 올산은 산으로 둥글게 감싸준 타원형 작은 분지 마을과 열십자 모양으로 광활하게 퍼진 두 개의 마을로 나누어진다. 작은 분지형 마을은 올산의 안쪽에 있어 내올산이라 하고, 열십자형 광활한 동네는 올산 본동이라고 한다.

그런데 작은 분지형 마을 주민과 열십자로 형성된 광활한 마을 주민

▼ 단양 올산(兀山)

들은 사는 형태도 다르고, 생각도 다르고, 결과도 차이가 많다. 분지형 마을은 은둔의 마을, 하늘이 만들어준 담장 안에서 조용하게 살아간다. 수구는 닫혀 있고 바람은 분지 안에서 순환하니 아주 평온하다. 열심히 일하고 부지런하고 잘산다. 그러나 변화에 둔감하고 외부와의 접촉이 적고 때로는 우물 안의 개구리이기도 하다. 그러니 밖에서 보면 일만 한다고 한다. 그러나 그렇게 말하던 바깥사람들이 보릿고개가 되면 식량을 구하러 이 동네로 찾아온다. 돈이 들어오면 나가지 않고, 사람들의 출입도 거의 없는 안정된 마을이다.

반면에 본동 마을은 동서남북으로 도로와 물길, 바람길이 있다. 유행에 민감하고 밖과 교류가 많다. 매우 활동적이고 외향적이다. 사람들의 출입도 많고, 크고 작은 일도 많이 발생한다. 돈을 벌면 바로바로 쓰고, 매우 개방적이다.

같은 올산리지만 지형에 따라 도시와 시골 사람 이상의 차이를 본다. 어릴 적에 잠시 산 곳이다. 지도를 보니 예전에 올랐던 산맥도 보이고, 토끼몰이하던 골짜기도 보이고, 더덕 캐고 송이 따던 산들도 보인다. 어린 시절에 소나무가 울창하여 산의 모습을 보기가 어려웠는데 지금은 지도로 이렇게 현장감 있게 볼 수 있어 참 좋은 세상이다. 풍수적으로 좋은 점도 보이고, 매우 아쉬운 점도 보인다. 그래도 시골의 첩첩산중 고향이 점점 좋아진다. 고향마을은 아주 어릴 적에 잠시 살았던 동네이지만, 지금 보아도 정감이 간다.

조선의 설계자 정도전의 고향, 단양(丹陽)

단양이 낳은 유명한 인물은 고려 말 역동 우탁(1262~1342) 선생과 조선의 설계자 삼봉 정도전(1342~1398) 선생이다. 그리고 단양을 빛낸 또 다른 인물은 명종 때 단양군수를 지낸 퇴계 이황(1501~1570) 선생이다. 우탁 선생은 중국에 사신으로 건너가서 주자의 성리학을 도입해 조선시대 퇴계 이황과 율곡 이이 등 대유학자가 나오는데 초석을 다졌다. 중국에서는 우탁 선생이 주역을 동(東)으로 가져갔다 하여 역동(易東)이라고 불렀다. 조선의 설계자 삼봉 정도전은 조선 개국 일등공신으로 군사, 외교, 행정, 역사, 성리학 등 여러 방면에서 뛰어난 인물이다.

   정도전은 조선의 설계자가 되었는데 그의 민본사상은 조선조뿐만 아니라 오늘날에도 정신이 면면히 이어 오고, 군주가 백성들을 위하는 위민사상은 지금에도 변함없이 통치 철학이 되고 있다.

   최근 단양에서 태어난 삼봉 정도전의 고향 논쟁이 한창이다. 영주에

▼ 단양 삼봉마을

서는 삼판서인 정운경, 황유정, 김담 고택을 복원해 이곳을 정도전의 생가(生家)라고 소개하고 있다. 생가란 어떤 사람이 태어난 곳인데, 정도전의 아버지가 살던 집을 정도전의 생가라고 주장하는 것이다. 삼국을 통일한 신라 김유신 장군은 조상이 김해를 기반으로 한 금관가야의 왕족이지만, 김해에서 김유신을 자기네 고장 사람이라고 말하지 않는다. 김유신은 태어나고 자란 곳이 진천이니 진천 사람이다. 조선의 설계자 정도전은 단양에서 태어났으니 단양 사람이다. 당연히 단양군에서 정도전의 생가를 찾아 복원하고 정도전의 사상을 알리는 데 더욱 힘을 쏟아야 할 것이다.

6) 인물의 고장, 홍성

조선 후기의 실학자 이중환은 저서 《택리지》에서 충청도에서 내포가 가장 좋은 곳이라고 했다. 내포(內浦)란 바다가 안으로 깊숙이 들어와 있는 가야산 앞뒤에 있는 예산·당진·서산·홍성 지역의 10 고을을 말한다. 서쪽으로 태안반도가 있어 바닷물이 깊숙이 들어오고, 북쪽으로 삽교천이 북류하면서 아산만이 깊숙이 들어온다.

내포는 땅이 기름지고 평평하며 넓고 소금과 물고기가 많아서 대를 이어 사는 사대부가들이 많다고 했다. 또한 이곳에서 훌륭한 인물들이 많이 났는데 그중에서 홍성은 충절의 인물이 많이 나왔다.

홍성은 고려시대에 운주라고 했고, 조선시대에 홍주라고 했다. 결성군과 합쳐지면서 홍성이라고 개칭되었다. 홍성에서 옛 지명인 내포와 홍주를 선호하여 내포문화중심도시, 홍주천년길 등 역사적 지명과 역사적 인물들을 통하여 홍성을 알리고 발전을 꾀하려는 활동을 활발하게 전개하고 있다.

홍성을 풍수적으로 보면 북쪽으로 용봉산(374m), 동쪽으로 봉수산(484m), 남쪽으로 오서산(790m), 서쪽으로 백월산(394m) 등 네 개의 산이 병풍처럼 둘러져 있다. 용봉산은 산의 모습이 용의 몸뚱이에 봉황의 머리 모양이라고 하여 용봉산이라고 했다.

산에 사는 짐승과 새는 봉황이 지배하고, 산 아래 물고기를 비롯한 모든 것은 용의 지배를 받는다. 그래서 임금을 용상이라고 하고, 봉황으로 임금을 상징한다. 용봉산에는 병풍바위, 장군바위, 촛대바위, 어머니바위, 삼형제바위, 의자바위 등 여러 모양의 기암괴석들이 많다.

용봉산을 낀 홍성 일대에서는 고려의 명장 최영 장군(1316~1388),

불의에 항거하여 굳건한 절개를 지킨 사육신 성삼문(1418~1456), 청산리 전투의 승전보를 울린 김좌진 장군(1889~1930), 일제에 항거한 33인 중 한 명인 한용운 선사(1879~1944), 현대미술가 이응노 화백(1904~1989) 등이 배출되었다.

이에 홍성에서는 역사적 인물을 만나고 알아가는 '역사인물축제'를 매년 개최하고 있다. 홍성의 역사적 인물 중 특별히 관심 가는 인물은 고려를 마지막까지 지킨 최영 장군과 단종을 지키려다 죽은 사육신 성삼문이다.

최영 장군과 성삼문 선생은 홍성군 홍북면 노은리라는 마을에서 약 100년의 시차를 두고 태어났다고 한다. 현지에서 구전하여 내려오는 이야기로 같은 집에서 태어났다고 전해진다. 그러나 생가지에 대한 정확한 기록이 없다. 최영 장군의 유허비에는 홍주 적동으로, 현재 홍성

▼ 옛 홍주목 관아의 정문 역할을 했던 홍성의 홍주아문(洪州衙門)

군 홍북면 노은리에서 태어났다고 기록되어 있고, 성삼문의 유허비에는 홍북면 노은리 상리 부락에서 태어났다고 기록되어 있다. 또한 노은리에는 성삼문의 외손 엄찬 고택이 있다. 이곳이 최영과 성삼문이 태어난 곳이란 주장도 제기되고 있다.

  홍성은 동으로는 예산, 서로 당진·서산·태안으로 이어지며, 남으로 보령 등 아산만이 깊숙이 들어오는 내포 지방의 중심부에 위치한다. 사람이 살만한 곳은 산과 물이 잘 어우러지는 곳인데 홍성이 그러한 곳이다. 홍성에서 시작한 '역사인물축제'가 내포 지방 전체로 확산되어 위인들의 삶을 배우며 그 사상이 널리 알려져 인물의 고장, 홍성의 전통이 계속 이어지길 바란다.

7) 아산 외암마을

 충남 아산에 있는 외암마을은 약 500여 년 전 조선 중기에 형성된 마을로 지금도 가가호호 주민들이 살고 있어 살아 있는 민속박물관이다. 반가의 고택과 5.3km에 이르는 나지막한 돌담길, 전통정원 등이 잘 보존되고 있는 국내 최고의 민속마을 중 하나다. 우리나라 6대 민속마을은 세계문화유산에 등재된 경주 양동마을과 안동 하회마을, 고성 왕곡마을, 순천 낙안읍성마을, 아산 외암마을, 서귀포 성읍마을로 모두 다 하나같이 배산임수의 풍수와 자연경관이 뛰어나고 오랜 역사와 전통을 지녔으며, 훌륭한 인물이 많이 배출된 한국의 명고을이다.

 외암마을은 설화산(雪華山, 447m)을 주산으로 하여 마을 앞으로 작은 시냇물이 합수되어 마을을 감싸주며, 앞으로 넓은 들판과 조안산이 마주하는 풍수적 명당 마을이다. 설화산은 봉우리가 뾰족하여 붓 모양을 이루기도 하고, 가운데 봉우리가 우뚝하여 봉황이 날개를 편 모습으로 보이기도 한다. 선인이 독서하는 모습으로 보이기도 하는데, 봉우리가 5개라 오봉산이라고도 부른다.

 외암마을은 설화산을 배산으로 광덕산과 설화산 계곡에서 나오는 물길이 합수하며 마을을 감싸며 흘러간다. 그래서 외암마을은 물을 건너야 들어갈 수가 있다. 풍수에서는 계수즉지(界水則止)라 하여 산이 물을 만나야 기운이 멎고 음양이 조화된다고 한다. 설화산에서 이어진 용맥이 물을 만나 멈추고 물길이 마을을 감싸고 도니 풍수적으로는 산관인정(山官人丁) 수관재물(水官財物)의 완벽한 길지다.

 마을의 모양은 길쭉한 타원형으로 마을 중앙으로 동서축의 길이 있고 좌·우측으로 작은 샛길이 있어 집들이 배치되었다. 중앙의 길은 나무의 줄기가 되고 작은 샛길은 가지가 되어 가지마다 열매 맺는 마을 모습이 되었다. 마을의 길은 나지막한 돌담길로 계속 이어진다. 돌담길의 정취가 특별하고 밖으로부터 바람도 잘 갈무리된다. 북서풍에 대비하여 소나무 방풍림도 조성되었다.

주산과 안산의 조응을 보면 주산인 설화산이 높고, 안산인 면잠산(眠蠶山)이 낮아 주와 객의 관계가 분명하다. 설화산의 봉우리가 뾰족하고, 화의 기운이 강하여 마을 안으로 인공수로를 만들어 집집마다 물길을 연결했다. 마을 안에 있는 연못은 물도 담고, 빨래터도 되며, 화재 시에는 방화수의 역할도 한다. 주산으로부터 이어지는 마을의 지기를 끊지 않도록 수로는 얕게 설치했다. 비보풍수로 인공수로를 두었다고 보인다.

외암마을은 예안 이씨의 집성촌이다. 예안 이씨가 처음 들어와 살게 된 것은 조선 명종 때 장사랑(將仕郞) 벼슬을 지낸 이정 때이고, 예안

▼ 건재 고택, 외암 이간 선생이 태어난 곳, 뒤로 설봉산의 봉우리가 보인다.

이씨를 빛낸 인물은 이정의 6대손인 외암 이간(李柬, 1677~1727) 선생이다. 이간의 호인 외암(巍巖)이 마을 이름이 되었다. 이간 선생은 조선 후기의 문신으로 율곡-사계-우암-수암-외암으로 이어지는 성리학자다. 정조대왕이 이조참판을, 순조임금이 이조판서를 증직하고 문정이라는 시호를 하사했다. 이간이 태어난 곳은 현재의 아산 건재 고택이다. 설화산의 주봉을 배산으로 자그마한 용맥이 연결된 한 마을의 중앙에 위치한다.

외암마을에서 풍수적으로 중요하게 볼 곳이 참판댁이다. 이간의 6대손으로 고종의 아들인 이은의 가정교사를 맡기도 했던 퇴호 이정렬(1865~1950) 참판의 집으로 할머니는 명성황후의 이모가 된다. 고종의 하사품으로 지어진 이 집은 창덕궁의 낙선재를 본떠 지은 집으로 솟을대문을 통하여 밖을 내다보면 마을의 안산인 면잠산이 노적봉의

▼ 외암마을 참판댁, 고종이 이간 선생 6대손 이정렬 참판에게 하사하여 지은 집

모양으로 정확히 들어온다. 물이 좌에서 우로 감싸고 주산과 안산을 축으로 하여 안채와 사랑채 솟을대문을 배치했다. 앞으로 문전옥답이 펼쳐지는 부자 명당이다.

외암마을은 500년의 역사를 가진 우리나라 민속마을이다. 양택지는 지리(地理)적 조건도 중요하지만 먹고 살 수 있는 생리(生理)도 갖추어져야 한다. 개울을 건너가면 넓은 평지가 있어 농업시대인 조선조에 매우 살기 좋은 마을이었다. 그러나 현대 산업사회에서 생리에 대하여 다시 생각해 볼 때가 되었다. 50여 호가 살고 있는 외암마을, 무엇으로 생리를 해결할 것인가. 외암마을이 민속마을의 관광자원 역할을 하기 위해 마을의 역사와 스토리도 보강하고, 중요한 고택도 더 개방해야 한다. 입장료까지 받고 있는데 대문이 닫힌 고택이 대부분이다. 외암마을을 더 개방해 관광객이 보다 편리하게 조선시대의 역사를 보고 체험하는 문화의 체험장이 될 수 있도록 하면 좋겠다.

3. 강원·경상권

1) 태백이 품은 두 강의 발원지, 검룡소와 황지

낙동강과 한강을 품은 태백은 한반도 에너지의 어머니 산

　태백은 백두대간의 중간 지점으로 매봉산에서 동쪽으로 낙동지맥이 갈라지고 서쪽으로 함백산, 태백산, 소백산 등 백두대간이 뻗어나간다. 남동쪽으로 낙동강의 발원지 황지와 남서쪽으로는 한강의 발원지 검룡소가 있는 곳이다. 태백은 크고 밝다는 태백산에서 유래되었다. 신령한 산이라 하여 단군 조선 이래 하늘에 제를 지내던 영적인 산이다. 태백은 석탄이 있어 우리 민족에게 불을 제공해 주었고, 한강과 낙동강의 발원지로 민족의 젖줄이 시작되는 곳이다.

　한강의 발원지를 찾게 된 것은 성지순례 차 이스라엘 요르단강의 발원지를 순례하면서다. 한강의 발원지를 가보지 않아 궁금하던 차에 찾은 검룡소는 경이로움 그 자체였다. 강의 발원지가 되기 위한 3대 조건으로 첫째로 천연의 샘이 솟아야 하고, 둘째로 끊임없이 물길이 이

▲ 한강의 발원지 검룡소. 하루 2,000t의 물이 솟아 강원도, 충청도, 경기도를 굽이굽이 돌아 서해로 흘러간다.

어지고, 셋째로 강에서 가장 먼 곳이어야 한다. 강은 어디에서 시작하는가. 작은 물이 모여 큰 물이 되어 강물을 형성하는가. 아니면 어느 지점에서 물이 솟아나서 강줄기를 형성하는가.

태백에 있는 삼수령은 한강, 낙동강, 오십천으로 빗물이 나누어지는 2강 1천의 분수령인데 하늘에서 떨어진 빗물이 동쪽으로 떨어지면 삼척의 오십천을 통하여 동해로 흘러들고, 남동쪽으로 떨어진 물은 황지로 스며들어 낙동강의 발원지가 되어 남해로 흘러간다. 남서쪽으로 떨어진 물은 검룡소로 스며들어 한강이 되어 서해로 흘러간다. 땅은 물을 흡수하여 어느 지점에서 산실이 되어 용트림하며 솟아난다. 수심을 알 수 없는 깊은 곳에서 물이 솟아나는데, 그 물은 조용하고 아주 잔잔하다.

그런데 그 용출소를 벗어나면 강한 물줄기를 형성하며 힘이 붙는다.

2부 전국의 명당을 찾아서   193

검룡소는 대덕산 금대봉 아래 남서쪽에 위치하는데 태백 일대에서 흡수했던 물이 용천수로 솟아나면서 한강의 발원지가 되어 514km를 흘러가며, 금강산에서 발원한 북한강물과 두물머리에서 합수하여 서울에 산천의 기운을 공급한다.

낙동강의 발원지인 황지는 태백 시내 안에 있다. 이곳에는 하루 5,000t의 물이 솟아난다는데 아주 조용하고 평온한 모습이다. 물이 솟는 모습이 보이지 않을 정도로 조용하다. 여름에 아무리 가물어도 물이 마르지 않으며, 겨울에 아무리 추워도 얼지 않는다고 한다. 항상 일정한 온도를 유지하며 솟아나서 낙동강의 여정을 시작한다. 낙동강은 525km로 한반도에서 압록강 다음으로 두 번째 긴 강이다. 경상도 일대의 모든 산천의 기운을 낙동강으로 모으기 때문에 경상도의 단결력이 강하다는 얘기도 있다.

삼수령 동쪽은 동해, 남동쪽은 낙동강, 남서쪽은 한강으로 흘러간다. 한강의 발원지 검룡소는 하루에 2,000여t의 물이 솟아난다. 용출소는 아주 적고 조용하지만, 용출소를 벗어나면 힘이 붙어 힘찬 물줄기를 형성한다. 검룡소 주변은 산들이 잘 둘러 있어 바람이 갈무리되며, 물줄기는 굽이굽이 돌아서 구곡수(九曲水)로 흘러간다. 금봉산 산줄기는 함백산, 태백산, 소백산으로 이어지며 속리산 천왕봉에서 방향을 틀어 한남금북정맥과 한남정맥을 형성하여 김포의 문수산까지 뻗어간다. 한강은 강원도, 충청도, 경기도 일대의 한남정맥과 한북정맥의 모든 산천의 기운을 응집하니 수도 서울은 생기가 넘치는 도시로 발전한다.

이렇듯 태백은 백두대간의 중추이자 우리 민족의 젖줄기다. 태백의 남서쪽은 한강을 중심으로 산천의 기운을 모아주고, 태백의 동남쪽은

▲ 태백 구문소의 봉황새 형상. 저녁 햇빛에 봉황 모습이 나타났다.

▲ 낙동강의 발원지 황지. 하루 5,000t의 물이 솟아 낙동강 1,300리 길을 시작한다.

낙동강을 중심으로 산천의 기운을 모아준다. 풍수에서는 물의 근원이 깊으면 깊을수록 부자가 나고 도시가 번성한다고 했다. 한강과 낙동강을 품은 태백이 한반도의 무한한 에너지를 공급하는 모산(母山)이요, 한민족의 생기를 공급하는 시원지(始原地)로의 역할을 다할 수 있기를 바란다.

2) 퇴계 유적지, 안동 용두산의 용맥

유적지는 선조들의 발자취를 살펴볼 수 있는 곳으로 많은 사람이 유적지를 찾아 성현들의 인생과 사상을 더듬어 본다. 대부분의 유적지는 풍수적 명당에 자리 잡고 있다. 안동에 있는 퇴계 이황 선생의 유적지를 둘러보고, 명사가 나고 자라고 편히 쉬고 있는 곳이 어떤지를 풍수적으로 점검해 본다.

성인이 찾아온 문, 성림문(聖臨門)의 퇴계 태실(胎室)

안동의 퇴계 유적지는 여러 차례 다녀온 곳이지만 어떤 관점에서 보느냐에 따라 의미가 다양하게 다가온다. 안동의 퇴계 유적지는 퇴계 태실, 퇴계 선영, 도산서원, 퇴계 묘가 대표적이다.

퇴계 선생이 태어난 곳은 퇴계의 아버지 이계양이 1454년에 지은

▲ 퇴계 고택

노송정 고택이다. 퇴계 선생의 어머니 춘천 박씨가 퇴계 선생을 잉태했을 때 공자께서 문으로 들어오는 꿈을 꾸었다고 하여 대문을 성림문(聖臨門)이라고 했는데, 그 이름은 퇴계 선생의 수제자 학봉 김성일 선생이 명명했다. 솟을대문인 성림문을 들어서면 정면에 노송정(老松亭)이 자리하고 좌측으로 ㅁ자형 온천정사(溫泉精舍) 중앙에 태실이 있고, 노송정 우측에 사당이 배치되어 있다.

노송정의 현판은 조선의 명필 한석봉이 썼다. 노송정이란 만년송인 향나무가 있는 집이란 뜻으로 퇴계 선생의 조부인 이계양(1424~1488)의 호다. 진사시에 합격했으나 출세의 꿈을 버리고 고향인 봉화로 내려와 지내던 어느 날, 산중에서 허기가 져서 신음하고 있는 한 스님을 발견하고 음식을 나눠주어 목숨을 구했다.

기력을 회복한 스님이 자신의 목숨을 살려준 은혜를 갚기 위해 귀한 자손이 나올 수 있는 집터로 지금의 노송정 종택이 있는 자리를 찾아

▼ 성림문

주었다고 한다. 그 후 아들 이우와 손자 이해가 과거시험인 대과에 합격했고, 손자인 이황 선생이 이곳에서 태어나 자랐다.

  퇴계 선생의 태실은 건물 중앙 전면에 돌출되어 있는데 전면 1칸, 측면 1칸 반 정도의 온돌방으로 되어 있다. 이런 식의 특별한 방은 우리나라 이곳밖에 없는 매우 특이한 구조로, 아이를 낳기 위한 태실인 동시에 며느리가 시댁에서 첫날밤을 보낼 때 사용하는 방으로 평상시에는 비워 놓았다고 한다.

  퇴계 태실은 용두산으로부터 뻗어온 용맥이 개장천심을 반복하여 발자국처럼 형성된 용맥을 주산으로 하고, 전후좌우의 산들과 물들이 모여들고 감싸주는 형국으로 대명당의 국세를 갖춘 곳이다. 개장천심(開帳穿心)의 개장이란 용이 용세를 펼치고 나아갈 때 산의 형태가 마

퇴계 태실 ▼ ▶

치 봉황이 양쪽 날개를 펼치고 날듯이 하는 모습을 말하고, 천심이란 용맥이 산의 가운데에서 화살같이 앞으로 뚫고 나가는 것을 말한다.

퇴계 태실은 주산을 배산으로 한 ㅁ자형의 배치다. 태실을 마당 한 가운데 우뚝하게 높게 배치해 하루 종일 햇볕이 드는 따뜻한 곳이다. 집 뒤로 주산이 반달 모양으로 감싸고, 집 앞으로 개울이 횡(橫)으로 흐르고 있어 배산임수를 이루고 있다. 집 뒤 주산에서 대청마루로 기운이 정확하게 내려와 대청마루와 태실에 좋은 기운이 있다. 이 기운을 중심으로 태실을 만들었다.

마을 뒷산에 자리 잡은 퇴계 선영

퇴계의 할아버지, 할머니, 아버지, 어머니가 모셔진 퇴계 선영은 퇴계 태실 좌측편의 학교 뒤에 있다. 명당은 어디에서 구하는가. 고향의 뒷산, 연고지 근처이다. 퇴계 태실, 종택, 퇴계 묘, 선영, 서원 모두 5km 반경 내에 있다. 퇴계 선영은 용두산의 끝자락이며, 퇴계 태실 뒷쪽으로 산들이 좌우에서 감싸주는 중심 용맥에 위치한다.

용맥의 개장이 반복되다가 마지막에 용맥이 개장을 마친 산진처(山盡處), 즉 산의 끝부분에 해당한다. 좌우의 청룡·백호 안자락이며 상단과 하단의 두 곳으로 자리 잡았다.

하단의 제일 위에 퇴계 선생 부친 묘, 상단에 아래로부터 모친 묘, 조부 묘, 가장 위에 조모 묘가 모셔져 있다. 하단의 부친 묘가 모셔진 곳은 매우 가파르지만 상단의 모친 묘는 살이 찐 부룡(富龍)이며, 뒤에는 작지만 과협처(過峽處)로 봉우리와 봉우리를 연결하는 잘룩한 곳에 있다. 혈의 요건을 갖춘 곳으로 보인다. 퇴계 선영에서 가장 생기가 응집되어 뭉쳐진 진혈처(眞穴處)를 찾으라면 바로 퇴계의 모친 묘소이다.

주변 산이 읍(揖)하며 둥글게 감싸 도는 도산서원

도산서원은 퇴계 선생이 공직생활을 마치고 은둔하기에 좋은 장소로 잡은 곳이다. 도산서원은 만리산~용두산~영지산으로 이어지는 용맥의 끝에 있으며, 둥글게 산들이 둘러싸고 있는 산진처(山盡處)에 위치한다.

퇴계는 자신이 서당 자리를 잡게 된 경위를《도산잡영병기(陶山雜詠幷記)》에 기술하고 있다. 산이 그다지 높고 크지는 않지만, 터가 넓고 형세가 빼어나며 방위를 보아도 한쪽으로 치우침이 없고, 주변의 산봉우리와 계곡이 모두 이곳을 향하여 읍(揖)하며 감싸 도는 모습이라고 했다.

낙동강 물이 좌에서 우로 횡류하는데 백호가 겹겹으로 역관(逆關)해 주는 용수의 배합이 뛰어나고, 양택의 기본 요건인 산을 등지고 물을 바라보는 지세의 배산임수(背山臨水), 앞은 낮고 뒤가 높은 지형의 전저후고(前低後高), 출입문은 좁고 안이 넉넉한 구조인 전착후관(前窄後寬)의 3대 조건을 만족한다.

서원의 배치는 자연의 형세를 그대로 이용했고, 전면에 우물이 있어 진응수(眞應水: 혈장 앞이나 옆에 있는 샘물) 역할을 한다.

강 건너 시사단(試士壇)이 있어 안산의 역할로 훌륭하다. 퇴계 선생이 4년에 걸쳐 지었고, 몸소 거처하면서 제자들을 가르쳤다. 당시는 서당이었다. 사후 4년 뒤 선조 7년(1454)에 문인과 유림이 서원을 세웠다. 이런 곳이 있기에 퇴계의 사상이 후대에까지 이어지는 것 같다.

양진암 위에 자리 잡은 퇴계 선생 묘

퇴계 선생 묘는 선조가 국가의 이름난 지관을 보내어 건지산 골에

'황룡도강(黃龍渡江)'의 명지를 잡아주었으나 거기에 모시지 않았다. 예장하지 말라는 유계에 따라 제자들이 선생의 묘소를 예장(禮葬)으로 모시지 않고, 퇴계 선생이 분가하여 거처하던 양진암의 뒷산에 조촐하게 모셨다. 예장은 예를 갖춘 성대한 장례를 말한다.

　퇴계 선생께서 낙향하고 46세 때 이곳에 양진암(養眞庵)을 짓고 생활했다. 지금은 집은 사라지고 표지석만 남아 있다. 묘소는 태백산 주맥에서 뻗어나온 한 줄기가 건지산의 주봉을 형성하여 조산이 되고, 건지산에서 남쪽으로 면면히 이어온 내룡이 묘소 바로 뒤편에 하나의 봉우리를 형성한다.

　조금 아래 입수의 맥이 내려와 남향으로 자리를 잡았다. 내청룡은 가까이 쌍봉산이요, 다음으로 청량산에 뻗어 내려온 주맥이 외청룡이 되어 겹겹이 싸여 있고, 내백호 가까이 도산이요, 멀리 영지산 자락이 외백호를 이루듯 묘소를 감싸고 엎드려 있다.

　양진암 터에서 묘소로 올라가는 중턱에는 며느리 봉화 금씨 묘가 자

▼ 퇴계 선생 묘

리하고 있다. 살아서도 시아버지를 모셨는데 죽어서도 시아버지를 모실 수 있도록 시아버지 묘역 가까이 묻어달라는 유언에 따라서 퇴계 선생 묘 아래에 썼다고 하는데 그 마음이 너무나 아름답다.

퇴계 선생의 마지막은 평소의 삶처럼 검소했다. 퇴계 선생은 1570년(선조3년) 12월 3일 자제들에게 다른 사람으로부터 빌려온 서적을 돌려주도록 했으며, 12월 4일 조카에게 명하여 유서를 쓰도록 했다.

유서에 "내가 죽으면 조정에서 예장(禮葬)을 내려 줄 것인데 예장을 사양하고 장례를 간소하게 치를 것과 묘지에 비석을 세우지 말고 조그마한 돌의 앞면에 '퇴도만은진성이공지묘(退陶晚隱眞城李公之墓, 도산에서 물러나 만년을 숨어 산 진성 이씨의 묘)'라는 뜻만을 새기고, 뒷면에 고향과 조상의 내력, 뜻한 바 행적을 간단하게 쓰라"고 당부했다.

퇴계 선생의 유언에도 불구하고 장례식은 정부의 방침에 따라 예장으로 치러졌으나, 성현인 퇴계 선생의 묘는 평소 선생의 검소하고 소박한 행적을 고스란히 담아 모셔졌다.

명당에 자리 잡은 명사들의 유적지

명사들이 태어나고 자란 곳은 세계 어느 나라를 가더라도 매우 유사하다. 풍수적 명당에서 태어나고 자라고, 사람들이 찾아드는 유적지는 대부분 명당에 위치한다. 율곡 선생 유적지, 다산 선생 유적지도 모두 사람들이 즐겨 찾으며 편안한 명당에 자리 잡았다. 명사들의 출생지. 성장지, 묘지 등 유적지를 돌아보면서 선조들의 발자취와 사상을 살펴보고 풍수지리의 흔적을 되짚어 보는 것도 참 재미있는 일이 될 것 같다.

3) 인걸지령(人傑地靈)의 지리산 마을, 산청

지리산은 백두산의 정기가 백두대간을 타고 내려와 마무리되는 마지막 산맥이다. '지리산(智異山)'은 어리석은 사람이 이곳에 머무르면 지혜로운 사람이 된다고 하여 붙여진 이름이고, 우리나라 머리인 백두산에서 흘러왔다고 하여 '두류산'이라고도 한다. 지리산 아래에 여러 마을이 있다. 그중에서 허준의 동의보감촌이 자리 잡은 산청의 풍수지리에 대하여 알아보았다.

머무를수록 이로운 곳, 지리산 마을

산청은 지리산이 병풍처럼 둘러싼 명당 마을이다. 산청은 지리산 북동면에 있고, 산속에 '동의보감촌'이 있다. 동의보감촌은 지리산 천왕봉과 왕산, 필봉산을 잇는 기운이 응결된 명당 지역으로 건강 체험을 할 수 있다.

《동의보감》은 조선시대 선조와 광해군의 어의를 한 허준 선생(1539~1615)이 조선과 동아시아의 의학서를 두루 섭렵하고 집대성한 한의학책이다. 선조가 죽자 유배를 가게 되었는데, 유배 기간 중 책을 정리하여 광해군에게 바쳤다. 유배에서 풀려나 광해군의 어의가 되어 광해군의 병을 고쳤다. 허준은 양천 허씨로 경기도 양천현, 현재의 서울 강서구 등촌동에서 태어났고 산청에서 자랐다.

▼ 산청은 지리산이 병풍처럼 둘러싼 명당 마을이다.

하늘이 내린 명당, 허준의 '동의보감촌'

산청에는 아름다운 곳 9경 있는데, 1경 지리산 천왕봉, 2경 대원사 계곡, 3경 황매산 철쭉, 4경 구형왕릉, 5경 경호강 비경, 6경 남사 예담촌, 7경 남명 조식 유적, 8경 정취암 조망에 이어 9경으로 동의보감촌이 순위에 올라있다. 풍수적 명당지리로 꼽히는 대표적인 곳이 동의보감촌과 남사 예담촌 마을이다. 동의보감촌은 동의보감 400주년인 2009년에 유네스코 기록유산으로 등재된 곳이며, 이를 기념하기 위해 2013년에는 국제한의학엑스포가 45일간 개최되기도 했다.

동의보감촌에서 가장 명당 지역은 동의전이다. 동의전은 우리나라에서 기(氣)가 가장 좋다고 하는 곳이다. 기 체험 장소로 석경, 귀감석, 복석정이라 이름 붙여진 세 개의 바위가 있다. 실제 이곳에서 오링테스트를 해보면 그 기운을 확인할 수 있다.

석경(石鏡)은 기 받는 바위로 봉황이 날아가는 모습이다. '자기 마음을 비추어 보다'라는 뜻을 가지고 있으며, 지리산의 천기와 지기가 만나는 길목에 세워져 있다. 정동쪽을 향해 있어 동쪽 태양에서 밝아오는 기운을 대지에 비추어 국운 융성을 기원한다. 귀감석(龜鑑石)은 소원 성취를 기도하는 장소로, 높이 8m, 무게 127t의 거북이를 닮은 바위다. 귀감이 되는 글자를 새긴 바위라고 귀감석이라 한다. 고대글자가 조각되어 있다. 이곳에서 기도하면 무병장수와 소원을 성취할 수 있다고 한다. 복석정(福石鼎)은 '복을 담는 그릇'이라는 뜻의 솥 모양을 닮은 바위로, 바위 위에 동전을 세우면 복이 찾아든다는 이야기가 전해온다. 신비로운 기운을 증명하듯 복석정 위에 동전을 세우면 동전이 세로로 세워진다. 마치 바위와 동전이 한몸인듯 자석을 붙여 놓은 것처럼 보인다.

▲ 동의전은 하늘의 기운이 내려와 땅의 기운과 만나는 최고의 명당 지역에 세워졌다.

가락국의 마지막 왕릉, 구형왕릉

가락국은 시조 수로왕에서 시작하여 10대 구형왕에서 막을 내렸다. 산청의 왕산으로 가락국의 시조 수로왕은 왕위를 아들에게 물려주고 산청의 태왕산, 다른 이름으로는 왕산 아래에서 38년간 살았다. 가락국 10대 왕 구형왕도 가락국을 신라에 넘겨주고 330년 만에 이곳에 와서 여생을 보냈다.

가락국의 마지막 왕 구형왕은 나라를 신라에 넘긴 것에 대해 속죄하는 의미에서 죽거든 돌로 덮어 달라는 유언을 남겼다고 한다. 무거운 돌을 감당하며 나라를 지키지 못한 것을 죽어서도 속죄하고자 했다. 부국강병은 세월이 흘러도 나라 지도자의 제1 책무이다.

구형왕릉은 아주 작은 피라미드형 돌무덤으로 규모도 작고 들어가는 입구도 아주 짧다. 오늘날까지 제를 지내고 있다. 바로 이곳을 방문

▲ 피라미드형 돌무덤 형태의 구형왕릉

한 날이 구형왕릉 제사 지내는 날이었다. 김해 김씨의 시조는 가락국 수로왕이고, 마지막 왕 구형왕은 수로왕의 9대손, 삼국을 통일한 김유신 장군은 12대손이며, 구형왕은 김유신의 증조부다. 우리나라의 성씨 중 김해 김씨는 최대의 성씨로 사회 각층에 포진하고 있는데, 여기도 한번 와 봐야 하지 않겠는가.

전통 한옥마을 예담촌

남사 예담촌은 지리산 중산리 아랫마을로 지리산 국립공원 중산리 입구 초입에 있다. 예로부터 사수(泗水)라고 불리던 남사천을 경계로 북쪽의 상사(上泗)와 남쪽의 남사(南泗)로 이루어졌다. 남사마을은 궁수로 둥글게 감싸주는 '예스러운 담장으로 이름난 마을' 혹은 '옛 담 마을'을 뜻하는 '예담촌'이라는 별칭을 쓰고 있다.

예담촌의 주산은 니구산이며, 지리산의 정기가 뻗어나오는 니구산과 소괴산이 마을의 서북쪽을 에워싸고, 당산이 마을 앞 남쪽 부분을 감싸고 있다. 자룡(雌龍)은 암컷용을 말하고, 웅용(雄龍)은 수컷용을 말한다. 암컷용인 니구산이 수컷용인 당산과 서로 머리와 꼬리를 물고 있는 형상으로 풍수지리상 쌍용교구(雙龍交媾)라고 한다. 암수 두 용이 서로 교감하는 것을 나타내고 있다.

남사마을이 생긴 모습이 반달 모양이다. 가득 차면 기울어지게 되는 것을 방지하기 위해, 예부터 마을 가운데를 비웠고, 지금도 마을 입구와 주차장으로 사용하고 있다. 남사천의 북쪽 마을인 상사마을은 배(舟) 모양이다. 마을을 배로 보고 배에 우물을 파는 것을 금지하여 마을 전체의 길운을 지켜왔다. 상사마을과 남사마을의 경계를 지으며 마을을 휘감아 도는 사수(泗水)가 길지로 이름나서 고려시대 이래 대소과 출신이 30여 명에 달할 정도로 명문가와 인물들이 많이 나왔다. 예담촌은 풍수적 명당이고 철저하게 풍수사상이 반영된 지리산 마을로

▲ '예스러운 담장으로 이름난 마을'이라는 의미의 남사 예담촌

2011년 '한국에서 가장 아름다운 마을 제1호'로 선정되었다.

풍수가 좋은 산청

수선사는 지리산 동쪽 끝자락에 자리 잡았다. 다랑논을 조금씩 사서 사찰을 지었다고 하는데 연못도 있고, 정원도 아름답고, 카페 전망도 인기가 높다. 수선사 아래쪽에 있는 연못은 수선사의 기운이 빠져나가지 않고 머무르게 하는 비보풍수의 역할을 하고 있다. 산청에 가면 동의보감촌과 수선사는 빼지 말고 꼭 가보자. 닦을 수(修), 고요할 선(禪), 절 사(寺), 마음도 닦고 편하게 힐링할 수 있는 곳, 꼭 한 번 가 볼 만하다. 수선사에 가면 화장실도 들러보라. 세계 어디에서도 볼 수 없는 특별한 곳이다.

▼ 수선사 연못, 전면에 기운이 빠져나가지 않도록 비보로 설치했다.

황매산은 태백산맥의 마지막 준봉으로 산청의 3경이다. 합천과 산청의 경계를 이루며 1년 중 가장 좋을 때가 봄의 철쭉과 가을의 억새철이다. 이곳에 올라 산의 형세를 보면 마치 황매산이 왕산을 향해 절을 하는 형상으로 황매산의 기운이 어디로 향하는지를 볼 수가 있다.

우리는 모두 고향마을을 갖고 있다. 인걸지령(人傑地靈)이란 말이 있는데, 좋은 산천에서 훌륭한 인물이 태어난다는 말이다. 우리나라 산천은 백두산을 시작으로 산맥이 연결되어 있고 산맥을 따라 물길이 산천의 기운을 담아 모으고 있다. 풍수가 좋은 산자락에서 인물이 나고 산과 물이 만나는 곳에서 마을이 형성된다.
생기(生氣)는 산자락이 끝나는 곳에 머무르며, 물이 모이는 곳에 사

▼ 봄이면 붉게 타오르는 듯한 황매산 철쭉

람들이 모이고, 사람들이 모여드는 곳에 시장도 서고 재물도 생긴다. 어느 마을에 가나 마을에 지기(地氣)를 공급해 주는 주산이 있고, 물길이 마을 앞을 가로지르며 동네가 형성되었다.

산청은 지리산의 끝자락으로 산들로 둘러싸인 지리산 동쪽 산속의 마을이고, 풍수해가 없는 평온한 마을이었다. 명당촌으로 이름난 동의보감촌은 왕산을 배산으로 명당 지역이 형성되어 누구나 방문하여 명당의 기운을 체험할 수 있는 곳이다.

'우리나라에서 가장 아름다운 마을 1호'로 선정된 예담촌은 지리산 천왕봉 아래 남사천이 둥글게 궁수로 감싸는 풍수적 명당에 자리 잡았다. 나의 고향 마을은 어떤 곳일까를 생각하며 명당 마을을 둘러보자. 어디를 가든 생기가 모여들고 머무는 곳에 나의 터전을 잡는 것이 매우 중요하다.

4) 영남의 4대 길지, 경주 양동마을

 경주 양동마을은 안동 하회마을과 더불어 세계문화유산으로 등재된 곳이며, 월성 손씨와 여강 이씨의 두 세족이 이룬 집성촌이다. 안동 하회마을, 봉화의 닭실마을, 임하의 내앞마을과 더불어 영남이 4대 길지로 꼽히는데 경상도 북부지방에 자리하고 있으며, 모두 태백산의 정기를 받는 풍수적으로 뛰어난 곳에 자리 잡은 마을이다.

설창산의 기(氣)를 받는 양동마을
 양동마을에는 설창산(163m)으로부터 4개의 획이 내려온다. 그 획의 끝자락에 서백당, 무첨당, 향단, 관가정이 모두 하나의 획을 차지하고 있다. 가장 혈심의 위치인 안쪽에 서백당이 위치한다. 서백당은 월

▼ 양동마을

성 손씨의 양동마을 입향조인 양민공 손소(1433~1484)가 1454년, 성종 15년에 건축한 전통가옥으로 월성 손씨 종택이다. 서백당은 '참을 인(忍) 자를 100번을 써야 인재를 길러낸다'는 뜻을 담고 있다. 이곳은 손소의 아들로 조선 중기의 뛰어난 문신이자 청백리인 우제 손중돈(1463~1529)과 외손으로 조선조 최고의 유학자로 추앙받는 회재 이언적(1491~1553)이 태어난 곳이다.

무첨당은 조상에게 욕됨이 없게 한다는 뜻의 이름이 붙여진 곳이다. 조선 중기 성리학자이자 문신인 이언적이 경상도 감찰사로 재직 시 지은 종가 별당이다. 향단은 회재 이언적이 경상도 관찰사로 부임할 때 병환 중인 모친을 돌볼 수 없게 되자 중종이 지어준 건물이다. 이언적의 동생 이언괄에게 물려준 후 여강 이씨 향단파의 종가가 되었다. 향단이란 이언괄(1494~1553)의 손자인 양단공 이의의 호에서 이 집 이름을 따왔다.

관가정은 마을의 가장 남쪽 끝에 위치하며 성종과 중종 때 명신이자 청백리인 손중돈이 마을의 입향조인 손소로부터 분가하여 살던 집이다. 물봉산 끝자락 언덕 위에 넓은 안강 뜰과 형산강이 한눈에 들어오는 전망 좋은 자리이다. 관가정이란 곡식이 자라는 모습을 보듯이 자손들이 커가는 모습을 본다는 뜻을 담고 있다.

양동마을을 풍수적으로 제대로 보려면 마을의 안산인 성주봉에 올라가야 전체적인 국세가 조망된다. 100m 높이의 성주봉에 오르면 양동마을의 입지가 한눈에 들어오며 설창산 주봉인 문장봉에서 갈라져 나온 네 개의 지맥과 지맥 사이에 이룬 골짜기 두동골, 물봉골, 안골, 장태골이 '勿' 자의 형국을 이루고 있음을 볼 수 있다. 네 개의 능선에 의지하여 자리 잡은 마을이 양동마을이다. 양동마을은 양월리 좌편에

▲ 서백당

있다 하여 양좌동이라고 불리던 것을 어진 선비가 사는 마을이라 하여 양동(良洞)으로 바꾸었다.

'勿' 자 형국으로 주산과 안산의 조응이 좋은 터

양동마을이 영남지방의 4대 길지가 되는 것은 첫째 '勿' 자 형국으로 주산과 안산의 조응이 좋으며, '勿' 자의 지맥마다 자리를 차지하고 있어 주산의 맥을 받고 있기 때문이다. 또한 좌우의 장풍이 좋고 물은 좌에서 우로 도수하며, 마지막 부분에서 역수하여 마을을 감싸 지기를 보전하며, 밖으로는 기름지고 넓은 안강평야를 가지고 있어 생리(生利)의 조건을 갖추고 있다. 그러나 조선시대에는 농업 중심의 사회였고 인구가 작아 주거와 생리의 조건을 갖추었지만, 오늘날의 기준으로 본다면 농업사회에서 산업정보화사회로 변천이 되어 길지의 개념에도 변화가 있어야 한다고 본다.

풍수의 고서 《인자수지(人子須知)》를 보면 도시의 입지는 산과 물이 크게 모여들어야 하고, 산과 물이 크게 모여들수록 대도시가 들어서며, 규모가 작아질수록 중소도시, 마을이 입지한다고 한다. 조선시대는 농업 중심 시대이고 인구가 작아 작은 마을의 입지인 양동마을, 하회마을, 내앞마을, 닭실마을이 사람이 살기에 좋은 마을이었다. 현대에 이르러서는 인구가 많고 산업사회가 되어 국세가 크게 이루어지지 않으면 많은 사람이 모여들어 경제활동을 할 수가 없다. 산업단지, 생활 편의시설을 확보할 수 있는 대국세가 되어야 사람이 살기 좋은 도시가 된다.

조선시대에 사대문 안의 한양 땅에 가장 많은 인구가 살았으나 지금은 성밖의 인구가 더 많고, 부자들이 사는 마을도 산들로 둘러싸고 있는 사대문 안이 아니라 물길로 둘러싸여 있는 서울의 서초, 강남, 송파 3구가 가장 부자 마을이 되었다. 서울 종로와 중구의 인구는 30만 명 수준이나 강남 3구의 인구는 180만 명으로 늘어났다. 시대가 바뀐 오늘날 살기 좋은 도시는 일거리가 가장 많이 확보되는 도시이다. 영남의 신4대 길지는 거제도, 포항, 울산, 구미가 아닐까 생각해 본다.

 영남의 4대 길지인 경주의 양동마을은 전통적인 풍수적 명당을 볼 수 있는 축소판이다. 영남의 4대 길지의 풍수적 개념이 이제는 도시 지역으로 확산되어 주산의 맥을 받는 곳에 관공서가 배치되고, 국세 안에 주거지가 만들어지며, 물길이 모이는 곳에 산업단지가 조성되어 도시가 활성화되고 시장이 살아나는 도시 풍수로 발전할 수 있기를 기대한다.

5) 수많은 인재를 배출한 명당, 안동 하회마을

안동 하회(河回)마을은 조선시대 영남의 4대 길지였다. 오늘날에는 경주 양동마을과 더불어 세계문화유산에 등재된 곳이다. 하회마을은 미국 부시 전 대통령 부자와 영국 엘리자베스 여왕(1926~2022)이 방문하기도 한 우리나라의 대표적인 전통마을이다.

하회마을은 서애 류성룡(1542~1607)이 태어난 곳으로도 유명하다. 류성룡의 9대조 류난옥은 자손 대대로 뿌리내리고 살만한 땅을 구하기 위해 풍수사의 도움을 받아 이곳에 터를 정하고 3대에 걸쳐 적선한 후, 서애의 6대조 류종해 공이 이곳에 집을 짓고 살기 시작했다. 그 후 600여 년을 이어오면서 수많은 인재를 배출했고, 자손 대대로 보존될 세계문화유산으로 지정되었다.

▲ 부용대에서 바라본 하회마을. 마을을 물이 감싸 돌고 마을 가운데가 봉긋 솟았다. 주변의 산들이 유정하게 감싸주며 감투봉과 문필봉이 우뚝하다.

▲ 양진당의 좌향을 앞산의 문필봉에 맞추었다. 대문을 나서면서 문필봉을 마주한다.

하회마을의 입지를 제대로 보려면 하회마을 건너편에 있는 부용대에 올라야 한다. 이곳에서 하회마을 전경을 한눈에 관찰할 수 있다. 하회마을은 산태극수태극으로 산과 물이 태극 모양인 태극형(太極形) 또는 물 위에 떠 있는 연꽃 모양인 연화부수형(蓮花浮水形)이다. 백두대간 태백산맥에서 뻗어온 지맥이 327m인 화산(花山)을 이루고, 낙동정맥에서 뻗어온 지맥이 남산과 원지산, 부용대를 이루면서 서로 만난 곳을 낙동강 물이 S자로 감싸주며 돌아 마을 이름을 하회(河回)라고 지었다. 물이 돌아가는 곳이란 의미다.

마을의 주산을 화산(花山)이라고 부르고, 부용대 앞을 흐르는 낙동강을 화천(花川)이라고 부르는 것은 하회마을의 모양이 연화(蓮花)에서 비롯되었기 때문이다. 64m 높이의 작은 부용대(芙蓉臺)라는 이름도 연꽃을 상징한다. 또한 하회마을은 3면이 강으로 둘러싸여 짐을 싣고 떠나가는 배의 모양인 행주형이다.

◀ 양진당에서 본 문필봉

　하회마을에는 고려 초부터 허씨와 안씨가 살았다. 화산의 주산 아래 남쪽 거묵실골에는 김해 허씨가 자리 잡았고, 뒤에 들어온 광주 안씨는 화산의 북쪽인 행개골에서 삶터를 이루고 있었다. 당시에는 화산 바로 아래가 가장 좋은 명당이라고 생각했다. 뒤늦게 들어온 풍산 류씨가 하회마을 풍수적 형국을 보고 화산 끝자락인 현재의 위치에 자리를 잡았다. 이후 김해 허씨와 광주 안씨는 쇠하고, 풍산 류씨가 번성했다.

　풍산 류씨가 자리한 현재의 터는 화산의 중심맥이 평지룡으로 들어와 마지막 자락에서 봉긋 솟은 후 낙동강을 만나 생기가 맺은 곳으로 하회마을의 진혈처(眞穴處)이다. 하회마을을 부용대에 올라 관찰할 때 연화부수형으로 보면 이곳이 연꽃의 꽃 수술 부위이고, 배 모양으로 보면 기관실이 위치한 곳이며, 풍수적 원리로 보면 산맥이 끝나는 산진처(山盡處)요, 한 치가 높아 생기(生氣)가 응집되는 곳임을 알 수 있다.

　자손 대대로 뿌리내리고 살만한 터를 찾은 풍산 류씨는 하회마을 가장 높은 곳에 나무를 심고 이곳 산을 배산으로 하여 물을 바라보며 각각 주택의 좌향을 잡았다. 좌향은 집터에서 등진 방향과 정면으로 바라보이는 방향을 말한다.

하회마을의 특징은 마을 형상이 행주형이라 우물이 없고, 돌담이 없으며 주택의 좌향이 없다. 하회마을은 행주형이기 때문에 우물을 파서 물이 들어오면 안 되고, 배 모양이라 돌담을 쌓으면 무거워서 안 되고, 배산을 해야 하기 때문에 가운데를 정점으로 낮은 곳을 향하여 자연적인 택향을 하여 주택의 향이 일정하지 않다.

하회마을의 대표적인 명당은 입향조 류종해가 지은 양진당이다. 화산의 지맥이 충효당을 지나 이곳에 머물렀다. 좌측 전면으로 감투봉이 위치하고 안대에 해당하는 원지산에 문필봉이 솟았다. 이곳의 정기를 받고자 문필봉을 바라보며 본체의 높이와 솟을대문의 높이를 산과 조화되도록 맞추었다. 양진당에서 겸암 류운용(1539~1601)과 서애 류성룡이 태어났다.

하회마을은 서울의 형상과도 유사하다. 서울은 한북정맥과 한남정맥이 마주하는 곳을 한강이 'W' 자로 감싸주고, 하회마을은 태백산지맥과 낙동지맥이 마주하는 곳을 낙동강이 'S' 자로 감싸준다. 풍수적 명당을 찾아 왕궁터를 잡은 수도 서울이 600년을 이어 오면서 세계적 경제대국으로 성장했듯이, 자손 대대로 뿌리내리고 살만한 명당터를 풍수를 보고 잡은 하회마을도 수많은 인재를 배출하며 오늘에 이르렀다. 따라서 세계문화유산으로 등재된 하회마을이 한국의 전통마을로 자자손손 유구히 빛나기를 바란다.

4. 전라·제주권 외

1) 햇볕이 좋은 도시, 광양

도선국사가 자리 잡은 광양

광양은 '빛 광(光)', '볕 양(陽)' 자를 써서 '광양(光陽)'이라 했다. 고려 태조 왕건(877~943년)이 940년에 하사한 지명이다. 왕건 탄생을 예언한 도선국사(827~898년)는 23세부터 14년간 한반도를 직접 걸어보고, 37세에 자리 잡은 곳이 광양이다. 광양은 한반도 지도를 반으로 접으면 접히는 정중앙의 최남단 끝자락에 있다. 백두대간이 뻗어와서 백운산(1,222m)이 마지막으로 높이 솟은 곳, 전라남도에서 지리산 노고단(1,507m) 다음으로 높은 산이다.

광양의 구봉산에 올라가면 사방으로 산들과 바다가 조망된다. 광양은 순천, 남해, 하동, 구례 등 주변의 동네가 겹겹으로 감싸준다. 그래서 광양은 따뜻하고 안온하며 바다에는 파도가 없어 살기 좋은 고장이다.

광양 동백꽃과 동백숲 ▼ ▶

김을 처음으로 양식한 김여익(1606~1660)이 광양에 와서 보니 바다에 파도가 없고, 일조량이 아주 풍부했다. 김여익은 1640년에 광양에 와서 1660년까지 20년간 살면서 김 양식을 했다. 햇볕이 좋지 않으면 김 말리는 것이 어려웠다. 김 뜨기를 해서 하루 만에 말려야 최상의 김이 된다. 지리적으로 햇볕이 좋기에 하루 만에 말리고 좋은 김을 얻을 수 있었다. 갯벌에서 김을 키우고 육지에서 말렸다. 해의(海衣)라고 불리던 김은 김여익이 김을 양식하면서 조정으로부터 김여익의 성을 따서 '김'이라는 이름을 받았다. 김 양식을 시작한 1650년 이후 1985년까지 330여 년간 광양의 주 수입원이 김이었다. 그래서 광양은 김의 도시가 되었다.

　김을 키우던 광양만에 제철소가 생겼다. 포항제철에 이어서 제2 제철 후보지를 찾았는데 후보지가 아산만, 당진만, 광양만이었다. 광양만은 파도가 없어 방파제를 짓지 않아도 되고, 자연 수심이 깊어서 준설하지 않아도 되니 경제성이 제일 좋아 1순위가 되었다. 그래서 김을 생산하던 광양만에 파일을 박아 제철공장이 들어섰다. 제철공장을 처음 지을 때 김 양식장이 없어진다고 주민들의 반대가 많았다. 시내에 사원 주택을 지으려고 할 때도 반대하여 결국 공장 안에 사원 주택이 건설되고 학교, 문화시설이 들어섰다. 그 결과 지금은 제철소 안의 단지가 가장 살기 좋은 동네로 변했다.

　김의 도시 광양에 제철공장이 들어와서 세계 최대의 제철 생산 단지가 되었다. 용광로에서 철이 나온 게 1987년도. 30여 년간 제철을 만들어서 세계 각국으로 수출했다. 광양에서 생산되는 제철이 자동차, 가전제품, 건설용 자재, 각종 생활용품 등에 다 들어간다. 제철공장이 들어와서 광양의 인구는 8만 명대에서 15만 명대로 늘어났고, 광양의 재정 자립도는 전남 제1의 도시가 되었다. 기업이 성공하여 '김의 도시'가 '금(金)의 도시'가 되어 도시의 역사를 바꾸고 있다.

 광양은 또한 꽃의 도시다. 이미 1천여 년 전에 도선국사가 옥룡사를 중건하면서 비보풍수로 동백나무를 심었고, 김오천(1902~1988년) 선생이 일본에서 매화나무를 가져와서 매실 농원을 만들었다. 광양은 햇볕이 좋아 꽃이 잘된다. 추운 겨울을 지나 가장 먼저 피는 꽃이 동백꽃과 매화꽃이다. 전국에서 꽃을 보러 광양에 온다.

2) 하늘이 기다린 명당터, 보길도

제주를 버리고, 보길도에서 둥지를 튼 윤선도

고산 윤선도(1587~1671)는 병자호란 당시 조선이 청나라에 항복하자 더 이상 육지에 사는 것이 욕된다고 하여 섬나라 제주도로 뱃머리를 돌렸다. 항해 도중 완도 앞바다에서 풍랑을 만나 보길도에 들리게 되었다. 배에서 내려 산을 보니 격자봉이 높이 솟았고, 아래로 분지가 형성되어 산들이 둘러싸고 바다가 보이지 않는 풍수적 대명당 형국이 전개되는 것이 아닌가.

1637년 당시 이곳은 사람이 살지 않는 무인도였다. 고산 윤선도 눈에 꿈꾸던 이상형의 무릉도원이 바로 눈앞에 전개되고 있었다. 윤선도는 제주도로 가는 것을 포기하고 보길도에 둥지를 틀고, 산세가 막

▼ 보길도 낙서재

피어오르는 연꽃을 닮았다 하여 마을 이름을 '부용동(芙蓉洞)'이라 지었다.

윤선도는 보길도에서 가장 우뚝하게 솟은 산 격자봉에 올라 앞으로 머물 주거지를 선정했다. 혈맥이 격자봉에서 세 번 꺾여 내려오면서 물길을 만나는 곳에 깃발을 꽂고, 높낮이와 향배를 맞추면서 터를 잡았다. 거처의 이름을 '즐길 낙(樂)', '글 서(書)' 자를 써서 낙서재(樂書齋)라 짓고 세속을 떠나 은둔 생활을 시작했다. 고산은 51세에 이곳에 와서 33세 연하의 18세 설씨 부인을 아내로 맞았다.

병자호란 당시 윤선도는 한양에 올라와서 임금을 알현하지도 않고, 젊은 여자를 섬으로 납치하여 갔다는 반대파들의 모함으로 유배의 길을 떠나게 된다. 1년 후 효종의 세자 시절 스승의 인연으로 풀려나자 보길도로 들어가지 않고, 해남의 금쇄동에 들어가 은거 생활을 하다가 61세에 보길도에 들어왔다.

물이 모이고 연못이 있는 곳에는 '세연정(洗然亭)'이란 정자를 지었다. 65세에 보길도의 사계를 노래하는 〈어부사시사〉를 지었다. 〈어부사시사〉는 봄, 여름, 가을, 겨울을 각각 10수로 하여 40수로 구성했다. 〈어부사시사〉 속에 보길도의 삶이 다 들어 있다.

세연정은 '물이 빙빙 도는 정자'라는 의미도 있고, '물로 깨끗이 씻어 마음이 깨끗해진다'는 의미도 있다. 세연정에서 사람들과 교류하며 〈어부사시사〉를 노래하고 춤추며, 보길도의 생활을 즐겼다.

낙서재 건너편 산중턱 바위 위에 한 칸짜리 동천석실을 지어 사색과 독서하는 개인 공간으로 활용했다. 하늘과 맞닿고 격자봉과 마주하는 곳에서 부용동 전체를 내려다보면서 부용동의 풍광을 즐겼다.

고산은 정치적으로 대세에 밀려 오랜 유배 생활과 은둔 생활을 했

▲ 보길도 세연정

다. 해남 녹우당에서 6년, 금쇄동에서 8년, 보길도에서 12년으로 보길도에서 가장 오래 살았다. 51세에 보길도에 들어와 관직과 유배 생활을 하면서 보길도를 오갔고, 81세에 보길도에 다시 들어와서 85세 생을 마감할 때까지 이곳에서 보냈다. 당시의 나이 85세는 지금의 나이로 보면 120세에 버금가는 나이이다.

오늘날에도 참고할만한 고산의 풍수지식

고산이 보길도로 오면서 설씨 부인과의 사이에서 태어난 둘째 아들 학관이 고산을 모셨다. 고산이 죽은 후 학관이 《고산 유고집》을 펴냈다. 고산 사후 78년 즈음 고산의 5대 후손 윤위(1725~1756)가 학관의 일가인 청계 노인과 함께 보길도를 찾아왔다.

당시 낙서재는 학관의 사위 이동숙이 홀로 지키고 있었다. 그들과 함께 고산의 흔적을 돌아보며 남긴 것이 《보길도지》다. 《보길도지》에 왜 고산이 보길도에 머물렀는지, 낙서재 터를 어떻게 잡았는지, 세연정과 동천석실 등은 어떤 곳인지 자세히 기록되어 있다. 보길도 부용동의 곳곳에 이름을 붙여가며, 25개가 넘는 건물에 대해 구체적으로 설명하고 있다.

고산 사후 100년, 정조대왕(1752~1800)은 아버지 사도세자 능침을 고산이 효종의 능침자리로 추천했던 화산으로 정했다. 그리고 조선 초기 무학대사에 버금가는 풍수 대가로 고산을 높이 평가하고, 《고산 유고집》을 만들도록 했다.

고산은 보길도에서 가장 우뚝이 솟은 격자봉 아래 주산과 안산, 주변의 산들과 높낮이와 향배를 맞추어 낙서재를 지었다. 북향의 터이지만 풍수적으로 가장 안정된 곳이다. 세연정은 사람들과 만나는 곳으로, 물이 모이고 연못이 있는 낮은 곳이다. 동천석실은 사색하고 독서하는 개인 공간으로, 높고 경치가 좋은 곳이다.

고산의 풍수관은 오늘날에도 참고할만하다. 어디에다 주거공간을 마련하고, 어디에 생활 공간과 일터를 마련할지, 또 어디에다 풍류 공간을 마련할지 기준으로 삼을 수 있다. 고산은 산들이 둘러주고 주산의 맥을 받는 한 치가 높은 곳을 주거공간으로 활용했다. 사람들과 교류하고 소통하는 일터는 물들이 모여드는 낮은 곳에 정했다. 경치를 즐기고 사색과 독서 등 공부를 하는 공간은 높고 풍경이 좋은 곳으로 정했다. 오늘날 주거지, 사업장, 학교나 관공서 터를 정하는 것도 이와 다르지 않다.

고산이 죽은 지 3백여 년이 훨씬 넘었지만, 당시의 기록이 남아 있기에 부용동을 복원하고 당시의 흔적을 되살려 유네스코 세계문화유산으로 등재를 추진하고 있다.

  현장이 무너지고 관리하는 사람들이 끊어졌지만, 당시의 기록이 남아 있어 몇백 년 전의 모습이 복원될 수 있다. 풍수적 명당은 세월이 지나도 다시 복원된다. 세계문화유산으로 등재되면 오래도록 보존되고 기억될 것이다.

3) 섬마을 제주도와 성읍민속마을

명당터를 만드는 탐나라공화국

우리나라는 3면이 바다라 섬이 많다. 섬은 육지와 떨어져 있어 육지와 풍수적 환경이 다르다. 섬 지역은 사방이 물로 싸여 있어 수관 재물의 명당 지역이 많다. 실제로 제주도, 거제도, 강화도, 진도, 남해, 안면도, 울릉도, 여의도 등 섬 지역은 잘 사는 부자 동네이다.

우리나라의 태조산이 백두산이라면 바다 건너 제주도는 우뚝 솟은 한라산을 태조산으로 하여 동서남북 사방으로 산맥이 뻗어나간다. 한라산과 연결되는 수많은 오름이 사방에서 솟아났다. 제주도에는 340여 개의 오름이 있다. 오름과 오름이 연결된 곳곳에 마을들이 자리 잡

▼ 제주도

았다.

　제주도의 물길은 한라산 기슭에서 발원하여 바다로 흘러간다. 그러나 제주도의 땅은 화산석으로 흙이 적어 물이 담수되지 못하고 밑으로 스며든다. 물이 고였다가 사라지고 다시 솟아나는 간헐천이 대부분이다.

　풍수에서 한 치가 높으면 산이요, 한 치가 낮으면 물로 보니 물길이 갖는 의미가 크다. 제주도는 흙이 적으며 돌이 많고, 비는 많이 오나 물은 적다. 물을 쓰려면 빗물을 받아 가두어 두고 써야 할 정도이다.

　제주도에서는 한라산을 배산으로 전후좌우에 오름들이 감싸주고, 물이 있고 흙이 조금이라도 있다면 그곳이 명당 지역이다. 섬마을에서 바다가 안 보이는 섬 안쪽 마을이 오래간다. 바닷가에서 전망이 좋은 높은 곳보다 주변이 감싸주는 낮은 곳이 명당 지역이다. 전면에 망망대해로 뚫려 있는 곳보다 크고 작은 섬이 있어, 앞을 막아주는 곳이 명당 지역이다.

　남이섬에 나미나라공화국을 만들었던 단양 출신 강우현 선생이 제주도에 가서 탐나라공화국을 만들었다. 현장을 돌아보니 풍수적으로 매우 합당했다. 동서남북 네 곳에 오름이 있고, 안에 황무지가 있었는데 상상과 땀방울로 새로운 나라를 만드는 것이다. 연못을 파다가 나온 흙을 쌓으니 산이 되고, 바닥에 비닐을 깔고 물이 새지 않게 하니 연못이 되었다 한다. 돌밭이고 흙도 없고 나무도 없던 황무지의 땅에 흙을 긁어와 동산을 만들고 빗물을 담아 연못을 만드니 옥토로 변해갔다. 상상과 사연들을 돌에 새기며 초목과 함께 제주의 미래유산으로 온전하게 남아 있기를 소원한다고 한다.

　제주도는 비가 많이 오지만, 돌이 많아 물을 담수하지 못하고 땅속으로 스며든다. 그런 땅에 연못을 만들어 빗물을 가두니 옥토로 변하고 있다. 제주도는 한라산과 오름을 배산으로 의지하고 흙을 모으고 물을 담을 수 있다면 그곳이 바로 명당이 될 수 있다. 제주도는 비가 많이 오고 기후가 좋으니 지금이라도 물을 가두고 나무를 심고 가꾼다면 최고의 숲이 우거진 섬이 될 수 있을 것이다.

성읍민속마을

제주 성읍마을은 우리나라 8대 민속마을 중 하나이다. 안동 하회마을, 경주 양동마을, 아산 외암마을, 고성 왕곡마을, 순천 낙안읍성, 성주 한개마을, 영주 무섬마을 등과 더불어 500년 이상 지속되어 왔다. 성읍마을은 1,947m의 한라산 동쪽 지역으로 한라산에서 이어진 낮은 용맥들이 주변에 오름으로 솟았고, 한라산 기슭에서 발원한 물줄기인 천미천이 감싸주는 풍수적 명당에 위치한다. 마을 어느 곳에서나 우뚝 솟아 보이는 산이 320m의 영주산(瀛洲山)이다. 성읍마을 사람들은 영주산을 신령한 산으로 생각한다. 영주산을 성읍마을에 생기를 공급해주는 마을의 진산으로 여기고 있다.

마을 사람들의 이야기를 들어보면 성읍마을은 사람들이 먹고 살기에 부족함이 없으나 다른 민속마을과 달리 큰 인물이 나지 않은 곳이라고 했다. 성읍민속마을의 자료에 의하면 북쪽 영주산을 진산, 남동쪽 남산봉은 안산이며 서쪽 모지오름, 따라비오름, 설오름과 남서쪽 갑선이오름은 우백호요, 남산봉 밖 동쪽은 좌청룡이라고 한다.

대동여지도에 의하면 성읍민속마을 산세는 서쪽에 있는 제주의 명산 한라산으로부터 성판악, 록산, 성불악으로 이어져서 마을 북쪽 산인 영주산에서 맺어진다고 했다. 마을 앞에 자리 잡은 남산은 제주섬

동북쪽에 위치한 대성악으로부터 맥이 이어져서 마을 동쪽을 감싸 돈다고 했다. 또 다른 설명에 따르면 성곽 서쪽은 한라산의 맥을 받아서 내려온 모지오름을 중심으로 장자오름~갑선이오름~안심선이로 연결되는 맥과 영주산~본지오름~남산봉으로 연결되는 맥이 마치 장막처럼 성곽을 둘러싸고 있다고 설명한다.

풍수에서 고일산 저일수(高一山 低一水)라 하여 한 치 높으면 산이요, 한 치 낮으면 물로 본다. 생기는 한 치 높은 곳으로 흐르며, 한 치 낮은 곳을 만나면 지기가 멎는다고 해석한다. 또한 계수즉지(界水則止), 맥우수지(脈遇水止)라 하여 맥이 물을 만나면 생기는 멈춘다고 보았다. 그런데 성읍마을의 진산이라는 영주산과 성읍마을 사이로는 제주도에서 두 번째로 길다고 하는 천미천이 성읍마을을 감싸고 흐르면서 영주산과 갈라놓았다. 또한 영주산은 성읍마을을 바라보지 않고 등을 돌리고 있으며, 동남쪽인 삼달리 마을을 바라보고 있고 그곳에서 군수, 변호사, 공직자 등 주요 인물들이 나왔다고 한다.

1975년, 성읍마을을 복원하면서 관청이 있던 자리에 정의현 관사를 영주산을 배산으로 하여 남향으로 복원했다. 2011년 무이파 태풍 때 천년된 보호수가 뽑혀 넘어지면서 일관헌이 무너졌다. 일관헌을 복원하기 위해 현장을 발굴해 보니 일관헌은 남향이 아닌 동향으로 건축되었다는 것을 알게 되어 다시 동향으로 지었다. 마을 사람들은 왜 남향으로 있던 건물을 동향으로 지었는지 자세히 알지 못하고 있었다. 그리고 영주산은 천미천 밖에 있지만, 천미천이 건천(乾川)이라 용맥이 건너올 것이라고 설명하기도 하고, 천미천 아래로 반석으로 연결되어 있어 영주산의 맥이 성읍마을과 연결되었다고 설명하기도 한다.

그러나 맥은 한 치가 높은 곳으로 흐르며, 영주산의 용맥은 천미천을 건너 성읍마을로 연결되었다기보다 남산봉으로 이어졌음이 현장을 보면 더욱 명백해진다. 성읍마을은 영주산과 천미천으로 나누어져 있고 북서쪽이 높아 성읍마을의 진산이며, 주산인 한라산과 맥이 이어진 모지오름으로 보아야 한다. 조선 초기에 지어진 일관헌이 동향인 것도 이를 뒷받침한다.

　성읍마을은 북쪽 영주산의 맥과 연결되지 못했으나 천미천이 감싸주고 있어 수관재물(水管財物)의 터는 될 수 있어 앞으로도 생리적인 측면에서 안정된 마을이 될 것으로 보인다. 성읍마을이 더욱 발전하자면 마을의 진산 개념을 새롭게 잡고, 마을 배치와 그에 따른 비보풍수가 이루어져야 할 것이다. 민속마을 중 가장 많은 인구인 1,360여 명이

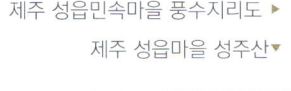
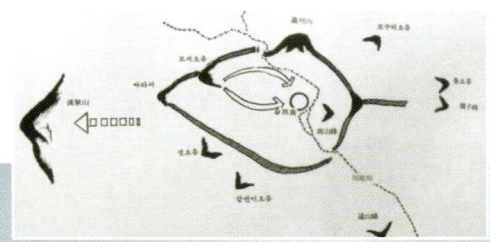

제주 성읍민속마을 풍수지리도 ▶
제주 성읍마을 성주산 ▼

살고 있고, 60세 미만의 젊은 세대가 76%나 차지하는 성읍마을이 제주도의 관광자원이 되고 더욱 살기 좋은 마을이 될 수 있기를 바란다.

4) 한반도의 태조산, 백두산

　산의 근원이자 출발이 되는 산을 태조산이라 한다. 태조산은 높고 크고 멀고 특이하여 수백 리를 뻗어간다. 우리나라 산들은 백두산에서 출발하기 때문에 백두산이 바로 태조산이다. 백두산은 거칠고 웅장하며 운무에 가려져 있을 때가 많아 쉽게 그 모습을 볼 수 없다. 1년 중 9개월 이상이 겨울이고, 200일 이상 비가 내린다.

　백두산으로 풍수답사를 간 것은 2008년 7월, 2010년 8월, 그리고 2019년 7월, 세 번이다. 처음 갔을 때 서파로 올랐는데 백두산 천지를 마음껏 보았다. 두 번째 갔을 때는 북파로 올랐다. 비바람이 몰아치고 운무로 가려져 한 치 앞도 보이지 않았다. 그런데도 천지 위에서 느끼는 백두산의 기운은 장엄했다. 세 번째 갔을 때 서파와 북파를 연이어서 올랐다. 비가 내리고 안무가 짙어 천지를 보기가 어려웠다. 서파에 올라 한참을 기다리니 잠시 구름이 걷히고 천지의 윤곽만 잠시 볼 수 있었다. 북파로 올라가니 역시 비바람이 치고 한 치 앞도 보이지 않았다.

　백두산은 해발 2,750m로 한반도에서 가장 높은 산이다. 백두산(白頭山)이라는 이름은 1년 중 9개월 이상 눈에 덮여 있어 하얗게 보인다고 해서 붙여졌다. 9월부터 눈이 내리기 시작하여 6월까지 눈이 남아 있다. 연중 강수일수가 200여 일이나 된다. 강수량이 1,400mm에 이르며, 폭풍일수가 267일이나 된다. 백두산 정상에는 남북 거리 4.9km, 동서 거리 3.5km, 둘레 14.4km, 수심 219m의 호수인 천지(天池)가 있다.

16개의 봉우리로 둘러싸인 천지(天池)

백두산 정상 2,190m 위에 용천수와 빗물로 형성된 거대한 호수인 천지는 2,500m가 넘는 16개의 산봉우리로 둘러싸여 있다. 북한 땅에 6개, 중국 땅에 7개, 국경 지역에 3개가 겹쳐 있다. 지금은 등산로가 폐쇄되어 갈 수 없으나 백두산 개방 초기에는 서파에서 북파까지 트레킹하며 백두산과 천지를 조망할 수 있었다.

당시에 이곳을 트레킹하며 본 다양한 각도의 천지 모습에 매료된 어느 경제인은 훗날 회사 설립 시 회사명을 '천지(Sky Lake)'로 짓기도 했다. 천지는 아무리 가물어도 마르지 않으며 용천수와 눈 녹은 물, 빗물로 항상 깨끗하다. 풍수에서 고산 정상에 호수가 있는 것은 산수가 조화되어 있다고 해서 매우 높게 평가한다.

백두산의 지세를 보면 남쪽 장군봉(2,750m)이 가장 높고, 북쪽 달문으로 물이 흘러 장백폭포를 이루며 송하강을 발원한다. 백두산 천지 북쪽 지역은 남고북저(南高北低) 지형으로 대평원이 펼쳐진다. 이곳이 만주 벌판이다. 고조선 이래 고구려, 발해 등 백두산에 근원을 두고 이곳에 자리 잡았다. 지금도 우리의 문화와 글자가 있고, 문화적 동질감이 느껴진다. 9세기에 백두산 폭발로 발해가 망하고 한동안 백두산 지역은 비어 있었다. 최근 중국 정부의 동북공정으로 우리의 역사적 기록이 지워져 가고 있어 안타까움을 금할 수 없다.

백두산 천지 서쪽 지역은 금강 대협곡 제자하에서 물줄

▲ 백두산 천지 트레킹. 지금은 트레킹 코스가 폐쇄되었지만, 백두산 개장 초기에는 서파에서 북파로 도보 트레킹이 가능했다.

기가 발원하여 압록강의 발원지가 되었다. 서파 지역을 통하여 1,442 계단을 올라가면 백두산 천지에 이를 수 있다. 백두산 동쪽 지역에서는 두만강이 발원하여 동해로 흘러간다. 백두산 천지 남쪽 지역은 북고남저(北高南低) 지형으로 장군봉이 높이 솟았고, 남쪽으로는 백두대간이 뻗어가면서 수많은 산맥을 분기(分岐)한다.

백두대간과 13 정맥

산이 시작되는 것을 알려면 물이 일어나는 곳을 알아야 하고, 산이 끝나는 곳을 알려면 물이 머무르는 곳을 살피라고 했다. 신령한 지기의 근원인 생기는 산에 거처하는 것이며, 생기를 운반하여 사람에게 직접 전달하는 것은 물이다. 백두산의 정기를 한반도 곳곳으로 전달하는 체계는 백두대간, 장백정간, 낙남정맥, 청북정맥, 청남정맥, 해서정맥, 한북정맥, 낙동정맥, 한남금북정맥, 한남정맥, 금북정맥, 금남호남정맥, 금남정맥, 호남정맥 등이 한반도 곳곳으로 핏줄처럼 뻗어 있는 용맥을 따라 고을 고을, 마을 마을마다 생기를 불어넣는다.

백두산은 지기의 공급처이지만 태조산 바로 아래에 명당국이 형성되지 않는다. 태조산은 거칠고 험하여 아직 탈살되지 않았다. 사람들이 사는 명당 지역은 태조산으로부터 떨어진 곳이다. 우리나라 제1의 도시 서울은 한북정맥과 한남정맥이 만나면서 그 안으로 한강이 기운을 모은다. 제2의 도시 부산은 백두대간, 낙남정맥, 낙동정맥 안쪽으로 낙동강이 흐르며 기운을 모은다. 금강 유역은 금북정맥과 금남정맥이 만나면서 금강권이 형성된다. 섬진강권은 호남정맥과 백두대간 안쪽으로 섬진강이 흐르며 기운을 모아준다.

크게 보면 산맥들이 감싸 안으며, 수구는 좁고 강이 있어 생기를 모아준다. 한강 유역, 낙동강 유역, 금강 유역, 섬진강 유역 등은 백두대간으로부터 분기된 정맥과 분지를 형성하고 강물이 흐르면서 생기가 전달되는 것이다.

3대 강과 3면의 바다로 둘러싸인 한반도

백두산은 뒤로는 천지가 있고, 천지에서 북쪽으로 송하강, 동쪽으로 두만강, 서쪽으로 압록강 등 3대 강이 발원한다. 백두산 뒤에 물이 있으니 이는 지혜요, 비밀이요, 보이지 않는 재물이다. 뒤에 비밀과 지혜를 감추었으니 시간은 지체되고, 주목을 받기도 한다. 이를 어떻게 활용할 것인가는 인내가 필요하다.

우리나라는 북쪽으로 백두산 육지와 접하고 동쪽으로 동해, 남쪽으로 남해, 서쪽으로 서해와 접하여 3면이 바다인 반도를 이룬다. 조선시대 실학자 이중환은 무릇 산의 형세는 수려한 바위와 봉우리를 이루어야 하고, 반드시 강과 바다가 교류하는 곳에 있어야 큰 힘을 갖는다고 했다. 산과 강, 바다와 접한 우리나라는 풍수에서 말하는 음양이 잘 조화된 명당국이다.

풍수에서 물이 깊은 곳의 주민은 대부분 부자요, 물이 얕은 곳의 주민은 대부분 가난하다고 했다. 물이 모이는 곳에는 주민이 많고, 물이 흩어지는 곳의 주민은 대부분 떠난다. 물은 화복과 관계된다. 물은 재물을 상징하고 경제력과 관계된다. 우리나라의 태조산에는 아무리 가물어도 마르지 않는 천지가 있고, 백두산에서 뻗어내린 백두대간과 13 정맥이 한반도 곳곳과 연결되며 지기를 공급하고 있다. 여기서 강이 발원하여 계속 생기를 불어넣어 주니 한반도는 풍수적으로 복 많은 나라이다.

최근 조사에 의하면 휴화산이던 백두산이 활화산으로 활동하기 시작했고, 온천수의 온도가 60도에서 80도로 20도나 올라갔다고 한다. 2002~2005년 사이 3천여 회의 화산 지진이 있었다. 과거 1만 년 이래 1000년 전인 946년에 화산폭발이 있었고 그즈음에 발해가 멸망했다고 한다. 그 후 1668년, 1702년, 1903년에 분화 기록이 있었다.

화산 폭발 시 일차적으로 가장 큰 피해를 보게 되는 곳은 지대가 가장 낮은 백두산 천지의 북쪽 지역과 백두산 인근 영변 지역의 핵시설 지역이다. 백두산 폭발에 대비를 위해도 북핵을 제거해야 하는 과제가 주어졌다.

제3부
풍수지리 활용법을 찾아서

1. 풍수지리를 활용한 사례들

2. 풍수 단상

1. 풍수지리를 활용한 사례들

1) 풍수지리 활용, 풍수 마케팅

원시시대부터 사람들은 살기 위해 가혹한 환경에서 위기를 피하는 법을 찾아야 했다. 동물의 공격을 피해 먹을 것을 찾아야 했고, 가족의 울타리인 집을 짓기 위해 자연재해를 피하고 적의 공격으로부터 안전한 장소를 찾아야 했다. 이것이 바로 풍수지리의 시작이었다.

풍수지리는 수백 수천 년 동안 자연에서 일어난 현상을 분석하고 집대성한 자연과학이다. 지질학을 비롯해 자연과학적 이론과 통계학적 이론을 바탕으로 하고 있다.

우리나라의 풍수에 대한 최초의 기록은 《삼국유사》에 나온다. 신라 4대 석탈해 왕(재위 57~80)이 경주 토함산에 올라 초승달을 닮은 택지를 발견하여 땅을 얻고, 후일 땅의 기운에 힘입어 왕이 되었다는 기록이 전해진다.

역성혁명으로 조선을 개국한 태조 이성계는 도읍을 개성에서 한양으로 천도하면서 풍수지리에 따라 도읍지를 정하고 왕궁을 지었다. 조선은 27대조 518년간 지속했고, 풍수지리는 국가 경영에 광범위하게 적용되었다. 하지만 일제강점기와 미군정을 거치면서 서양 문화가 들어왔고, 풍수지리는 음성적 학문으로 숨어들었다. 그런데 이것을 적극적으로 활용한 사람이 부자들이었고, 기업인들이었다.

풍수지리에 입각해 들어선 국내 5대 그룹의 사옥(社屋)

우리나라 기업 중 세계적 기업으로 성장한 5대 기업의 본사 사옥을 살펴본 결과, 사옥의 입지를 정하는 데에 풍수지리가 적극적으로 활용된 것을 알 수 있었다. 이병철 회장이 삼성 사옥을 지을 명당을 찾는 데에도 풍수지리가 철저하게 적용되었다. 삼성 본관 건물을 황금 비율 구조로 짓고, 건물의 층수도 별자리 28수에 맞추어 28층으로 지었다. 좌로 태평로 빌딩, 우로 삼성생명 빌딩 등 좌청룡 우백호의 건물을 거느리며 건물의 색상, 디자인 등도 풍수지리에 걸맞게 만들었다.

현대는 '왕자의 난' 이후 새로운 사옥 후보지를 찾으면서 풍수지리 컨설팅을 받고 여의천이 조수하는 양재동에 사옥을 정한 후 비약적인 성장을 했다. LG는 그룹 사옥을 마련하면서 창업주의 호 연암(蓮庵)과 연관하여 여의도에 자리를 정했다. 빌딩의 모양도 구 씨와 허 씨의 공동 경영을 상징하는 쌍둥이 빌딩을 건축했다.

SK는 청계천 입구에 사옥을 지으면서 부와 장수를 상징하는 거북이를 형상화했다. 건물의 전면에는 거북이 머리 모양을 형상화하고 뒤쪽에 거북이 꼬리를, 사면의 기둥에 거북이 발의 모양을 형상화했다. 롯데그룹은 우리나라 가장 명당터로 꼽히던 을지로 입구의 반도호텔 자리를 인수하여 우리나라 5대 그룹의 위치까지 성장했다.

▲ SK 사옥의 풍수 비보, 거북상(거북의 머리)

▼ 조수지국의 양재동 현대자동차 사옥

장사가 잘되는 곳과 안되는 곳의 입지적 차이

유통회사에 근무하면서 어떻게 유통 경쟁력을 올릴 것인가를 고민하다 풍수지리 원리를 경영활동에 반영해 보기로 했다. 항상 목표에 미달하여 성과급도 제대로 받지 못하던 곳은 무엇인가 변화가 필요하다고 생각했다. 풍수를 적용한다고 하여 특별한 돈이 들어가는 것도 아닌지라 회사 대표도 이 새로운 접근 방식을 좋아했다.

제일 먼저 시작한 것은 회사 임원진들의 사무실 위치와 책상의 배치를 바꾸는 것이었다. 다음으로 접근한 것이 장사가 안되는 매장이었다. '사업이 부진한 점포는 어떻게 할 것인가'가 항상 문제였다. 점포 하나를 보면 잘 안 보이지만 장사 안되는 점포 몇 개를 묶어서 보면 보이기 시작한다.

유통회사는 경쟁의 핵심 요인이 점포와 사람이다. 그것은 점포를 가진 경영자는 누구나 아는 일이다. 그러나 점포를 어떻게 개선하고 사람의 경쟁력을 어떻게 만들어 갈 것인가는 잘 알지 못한다. 지금까지 해 오던 방식, 전통적으로 이어져 오던 방법만을 생각한다. 그러나 근본적인 변화를 위해서는 새로운 방법의 도입이 필요했다. 풍수지리를 회사 경영에 적용하는 것은 새로운 방법의 하나였다. 그러나 그것을 적용하기가 그리 쉬운가. 이 눈치 저 눈치 보아야 하고 온갖 구설에 오를 수 있을 것인데, 경영의 최고 책임자가 아니면 생각하기 쉽지 않은 것이었다. 더욱이 풍수지리는 음성적인 학문이다. 드러내놓고 하는 것이 아니고 이면에서 은밀히 적용하는 것이 일반적이다.

장사가 잘 안되는 점포와 장사가 잘되는 점포를 둘러보고 입지적으로 공통된 인자를 도출했다. 역시 장사가 잘 안되는 점포와 장사가 잘되는 점포 간에는 확실한 입지적 차이가 존재했다. 입지적 요인을 풍수적 입장에서 바라보면 더욱 확연하게 드러났다. 이렇게 시작한 점포의 풍수 적용을 전국의 모든 점포로 확대했다. 장사가 잘되는 곳은 점포를 확장하고, 입지에 문제가 있는 곳은 계약 기간이 남아 있어도 철수했다. 점포를 배치할 때도 풍수지리를 적용했다. 주산의 개념, 청룡·백호의 개념, 안산의 개념이 반영되어 점포의 동선을 달리했다. 막아야 할 곳은 막고, 구부려야 할 곳은 구부리고, 출입구의 위치와 계산대의 위치, 제품군별 배치 등 다양하게 배치와 동선을 보완했다. 같은 점포임에도 불구하고 새로운 옷으로 갈아입으니 새로운 모습으로 다가왔다.

재미난 것은 장사가 될만한 곳은 이미 어떤 업종이든 장사를 잘하고 있었고, 그런 곳을 구하려니 임대료가 비쌌다. 그러나 때로는 주인을 기다리며 비어 있는 곳도 많았다. 발품을 얼마나 파느냐에 따라 보이는 곳도 달라졌다.

무심코 지나던 곳들이 새로운 시각과 특정한 의도에서 보면 새롭게 눈에 들어오기 시작했다. 풍수 마케팅을 도입하자 제일 먼저 나타난 반응은 고객의 증가였다. 풍수 마케팅이 유통 경쟁력이 된 것이다.

물이 모이는 곳을 주목하라

다음은 장사가 잘되는 곳의 입지의 공통점이다. 첫째, '물이 모이는 곳'이다. 물길이 합쳐지는 곳, 도로가 모이는 곳, 도로가 합쳐지는 곳에는 사람들이 모여들고 생기가 모인다. 사람들은 높은 곳에 모이지 않는다. 낮은 곳으로 물이 흐르듯 사람들도 낮은 곳으로 모인다. 우리나라 재래시장을 살펴보면 모두 낮은 곳에 자리 잡고 있다.

서울은 지하철이 1호선에서 9호선까지 이어져 있다. 지대가 낮은 곳의 역사(驛舍)가 유동인구가 가장 많다. 2호선을 중심으로 보아도 지대가 낮은 곳에 환승역이 생기고, 유동인구가 붐비며 상권이 형성된다. 잠실역, 강남역, 사당역, 신도림역, 시청역, 왕십리역 등이 모두 지대가 낮은 곳으로 유동인구가 많다.

생기는 한 치가 높은 곳을 타고 흐르며, 물은 높은 곳에서 낮은 곳으로 모여든다. 높은 곳보다 낮은 곳을 주목해야 한다. 백화점의 위치를 보아도 그렇다. 높은 지대에 있던 백화점은 모두 사라졌다. 대부분의 백화점이 낮은 곳에 있다.

생기가 모이는 곳에 사람이 모여든다

둘째, '생기가 모이는 곳'을 주목하라. 풍수에서 명당이란 생기가 모

▼ 삼성디지탈프라자 강서본점

이는 곳을 의미한다. 생기가 모이려면 생기가 모일 수 있는 공간이 있어야 한다. 도로변에 있는 건물이나 상가를 보면 명당의 확보 여부에 따라 건물의 길흉이 달라진다. 앞이 막히면 일이 막히고 지연된다. 도로변에 바짝 붙어 있는 건물보다 도로변에서 안쪽으로 들어가 있거나 여유 공간이 확보된 건물이 활성화가 잘된다.

상가의 입지를 선택할 때도 명당을 찾는 것이 중요하다. 잘되던 상가가 앞에 건물이 생겨 막히면 급격히 고객이 줄어들고 매출이 떨어진다. 앞이 꽉 막힌 터에서 성공하기가 매우 어렵다. 적절한 공간의 확보가 필수적이다.

생기가 모이는 구조는 5대 8의 황금비율 구조다. 가로세로 비율이 2대 1을 넘어가면 기운이 분산되고 2대 1의 범위에 들면 기운이 모인

▼ 삼성디지털프라자 강남본점

다. 황금비율 구조에서 기운이 가장 강하게 응집된다. 이집트의 피라미드가 황금비율의 구조이며, 유럽 왕궁들을 살펴보아도 황금비율 구조로 지어진 것이 많다.

풍수 마케팅이 적용된 삼성디지털프라자를 살펴본다. 회사를 떠난 지 10여 년 만에 풍수 마케팅을 적용했던 삼성디지털프라자의 대표적 매장 세 곳을 방문했다. 장사가 잘되는 매장은 역시 명당에 자리 잡고 있었다. 게다가 건물의 가상과 배치도 풍수적으로 합당했다.

삼성디지털프라자 강서본점은 맥을 탄 곳에 있다. 내가 처음 풍수를 배울 때 풍수 선생이 지나다 다시 와서 관찰할 정도로 생기가 모이는 명당이다. 강서본점은 거북이 같이 납작 엎드린 3층 건물 중 1층에 매장이 있다. 조금 높은 곳에 있는데, 버스 정류장도 있고 지하철역도 생겼다. 주변으로 언덕과 조금 더 높은 건물들이 포근하게 감싸준다.

▲ 삼성디지털프라자 메가스토어 대치점 내부 인테리어

삼성디지털프라자 강남본점은 강남구청역에서 북쪽으로 언덕을 내려가면 낮은 평지가 나오는데, 이곳의 교차로 부근에 자리 잡았다. 좌우로도 지대가 높아 3면에서 물이 모여든다. 앞으로는 한강 물이 금성수로 감싸주는 안쪽에 위치하여 풍수적으로 보면 대명당 지역에 해당한다. 건물의 가상을 보아도 그 모양이 반듯하고 가로세로와 높이가 황금비율을 만족한다.

삼성디지털프라자 메가스토어 대치점은 학여울역 사거리 부근에 자리 잡았다. 대치 언덕이 탄천을 만나기 전 경사진 언덕을 내려와 평지가 시작되는 낮은 곳에 있다. 대치 언덕이 배산이 되고 양재천이 서출동류하여 횡류하며, 탄전과 합수되는 안쪽에 위치해 우수한 입지 조건을 갖추고 있다. 내부 인테리어도 풍수 마케팅이 잘 적용되었다. 좋은 터에 가상도 좋고 풍수 인테리어도 좋으니 그야말로 금상첨화다.

2) 건물의 가상(家相)과 풍수 인테리어

좋은 터를 구하고도 가상을 맞추지 않거나 배치와 인테리어가 맞지 않으면 좋은 기운을 다 받기가 어렵다. 건물의 가상(家相)이란 건물의 모양이다. 사람의 성질이 얼굴의 모습으로 나타나듯이 땅의 성질이 땅의 모양으로 나타나고 건물의 모습에도 나타난다.

지인이 판교 금토산 아래의 명당 지역에 수십억이 넘는 집터를 매입해 집을 짓는다며 조언을 구해 왔다. 현장에 나가 입지를 점검한 결과 판교의 명당 주거단지 중 가장 중심부의 뒤쪽에 위치해 있어 터가 매우 좋았다. 그러나 건축 설계는 다각형 비정형 구조라서 풍수적으로 합당하지 못했다. 다시 설계하도록 해서 시간이 많이 소요되었다.

▼ 청계산 줄기 금토산 아래 지하 1층 지상 3층으로 지은 주택

건물의 가상, 가운데가 높고 안정적인 구조

건물의 가상은 가운데가 높고 좌우 균형이 맞춰져 있고, 안정적인 구조가 좋다. 주택의 한 면이 오목하게 들어간 곳은 좋지 않으며, 필요하다면 튀어나온 곳은 둘 수가 있다. 1차 설계한 건축도면은 반듯하지 못하고, 비정형 다각형 구조로 전면적으로 재설계가 필요했다.

대지의 모양이 속이 깊은 직사각형에 가깝지만 후면 좌측면이 반듯하지 않아 설계에 제약이 되었다. 그러나 반듯하지 않은 부분을 일부 포기하더라도 안쪽으로 반듯하게 건물을 앉히고 전면으로 여유 공간을 두어 명당을 확보하는 것이 좋다. 면적에 제약을 받는다면 둥글게 설계하는 것이 좋다.

주택의 배치, '문주조(門主灶)'의 위치가 중요

문(門)은 대문 또는 건물의 출입구를 통틀어 말한다. 주(主)는 주된 건물로 높고 넓어 왕성한 곳을 기두(起頭)로 정한다. 아파트나 가옥의 내부에서는 안방이 주(主)가 된다. 조(灶)는 주방으로 음식을 만들어 가족의 건강을 책임지는 중요한 곳이다. 이를 '문주조(門主灶)'라 한다.

대지가 속이 깊어 주택은 안쪽으로 건물을 배치하고, 전면에는 여유 공간을 확보하여 생기가 모일 수 있도록 했다. 택지가 2층 구조로 되어 있어 도로에서 지하층으로 들어와 주택과 연결되는 형태였다. 남쪽 전면에 입구를 두어 주택으로 올라갈 때는 바로 올라가지 않고 동남쪽으로 꺾어서 올라가도록 했다. 대문에서 들어오는 곳은 좁으면서 내부로 들어오면 넓게 되도록 하는 전착후관(前窄後寬)도 되고, 주택 안의 생기가 빠져나가지 않도록 하는 비보(祕寶) 역할도 할 수 있다.

주택에 있어 가장 중요한 것은 문주조의 배치이다. 문(현관), 주(안방), 조(부엌)는 같은 사택 안에 들어가면 좋다. 출입구가 어디에 있느냐에 따라 문주조의 위치가 달라진다.

동사택의 방위는 동기(東氣)로 상승하는 기운이고, 서사택의 방위는 서기(西氣)로 하강하는 기운이다. 문주조는 상승하는 기운 또는 하강하는 기운 중 같은 사택 안에 배치해야 한다. 또한 문주조는 일직선상 안에 두지 않는다. 서로 비켜 있어야 직충살을 피한다.

- 동사택의 배치 : 문주조를 동, 동남, 남, 북쪽의 동일 공간에 배치
- 서사택의 배치 : 문주조를 남서, 서, 북서, 북동방의 동일 공간에 배치

대문과 현관, 집안으로 기(氣)가 들어오는 공간

옛글에 보면 물길이 오는 방위로 대문과 길을 내야 좋고, 물이 나가는 방위로 내면 불리하다고 했다. 본 주택은 물길이 우에서 좌로 횡류하나 가까이 좌측이 높아 물길을 가두고, 도로에서 바로 지하층으로

▲ 지하에서 3층까지 올라가는 계단을 둥글게 돌아서 올라가는 구조로 만들어 기의 흐름이 좋도록 했다.

들어오는 구조로 전착후관이 된다. 지하층은 3면이 벽이지만 남쪽 전면이 열려 있어 빛을 받는다.

  1층 정원으로 올라가는 출입구는 동남쪽에 두었고, 1층에서 3층으로 올라가는 엘리베이터와 계단은 북쪽 후면에 두었다. 위층으로 올라가는 계단은 곡선으로 만들어 기가 생기로 조절되도록 했다. 대문과 현관은 집안으로 기가 들어오는 공간이다. 대문은 도로보다 약간 높으며, 남쪽으로 나 있어 밝고 양명하다.

안방, 재충전의 공간, 침대의 배치가 중요

  안방은 집안의 가운을 결정하는 중요한 공간이다. 집안의 기둥인 가장이 기거하는 공간으로 하루의 피로를 풀고 다음 날을 위해 수면과 휴식을 취하는 공간이다. 안방에서 가장 중요한 것은 침대의 배치이다. 침대는 벽을 뒤로하고 출입구를 대각선으로 바라보는 것이 가

▲ 3면이 벽이고 1면이 창문으로, 전면에 조망을 확보했다.

장 좋다.

안방은 집안 모두를 장악할 수 있는 위치여야 한다. 본 주택에서 안방을 후면의 북쪽으로 배치했고, 아이들 방은 남쪽 전면, 밝은 곳으로 배치했다. 침실은 잠을 자는 공간으로 어두워야 하며, 침실이 어두워야 돈이 모인다.

부엌과 주방, 밝고 바람이 잘 통하는 곳

부엌은 음식을 만드는 공간으로 가족들이 생활 에너지를 얻는 곳이다. 부엌은 출입구와 직충하지 않은 곳이어야 하며 밝은 곳이 좋다. 주방은 요리하는 공간이므로 밖으로 통풍과 환기가 잘되어야 한다. 부엌과 주방은 서쪽이 열린 곳과 실내의 중앙을 피하고 창문이 있는 곳이 좋다.

거실, 내·외부 '기(氣)'가 합쳐지는 공간

거실은 현관문을 통하여 집 안으로 들어온 외부의 기가 집안 내부의 기와 합쳐지는 공간이다. 자연 본래의 기가 집안의 사람이 살기 좋은 기로 환원하는 데는 시간과 공간이 필요한데, 거실이 그 역할을 한다. 거실이 안정되고 온화하면 외부로부터 들어온 기도 편안해지지만, 복잡하고 어수선하다면 기도 불안정하게 변하여 사람에게 좋지 않은 영향을 준다.

기가 안정적으로 모이자면 공간이 황금비율 구조의 반듯한 구조가 되어야 하고, 3면이 벽이고 1면 정도가 열려 있어야 한다. 2면 이상이 창으로 열려 있으면 기운은 흩어지고 산만하게 된다. 현관에서 들어오는 입구는 좁고, 거실로 들어오면 아늑한 공간이 펼쳐져야 한다.

▲ 거실은 3면이 벽이고 1면 정도가 열려 있어야 한다.

거실은 반듯한 사각형 형태가 좋으며, 한쪽이 지나치게 길거나 모난 형태는 피해야 한다. 특히 거실이 좁다고 베란다까지 거실 공간으로 활용하는 것은 외부 기와 내부 기의 완충 공간을 없애는 것으로 매우 흉하다.

화장실, 통풍과 청결 유지가 관건

옛날에는 화장실이 멀리 밖에 떨어져 있었지만, 현대에 와서는 수세식 화장실이 설치되면서 집 안으로 들어왔다. 화장실은 보통 욕실과 같이 있기 때문에 항상 습기가 많고, 자주 더러워지는 곳으로 통풍과 청결 유지가 관건이다.

화장실에 창문이 있어 외부로 통풍이 되면 좋다. 그렇지 않으면 강제적으로 환기가 될 수 있도록 환풍기를 설치해야 한다. 다행히 본 주택의 화장실은 외부로 창문이 있어 밝고 환기가 잘된다.

정원과 마당, 생기를 모으는 여유 공간

집 앞에 여유 공간이 있어야 생기가 모여든다. 정원이나 마당은 반듯해야 하고, 정원에는 사시사철 푸른 나무와 철 따라 피는 꽃을 심으면 좋은 기운을 받을 수 있다. 정원에는 큰 나무를 심지 않는다. 아파트에서도 베란다가 있는 것이 좋고, 아파트 앞에는 반듯한 공간이나 정원이 있어야 좋다.

가구 배치, 풍수적 결함을 인위적으로 보완

좋은 터에 가상과 배치를 풍수적으로 잘 맞추면 좋지만, 상황에 따라서는 잘 맞추기가 어려울 때도 발생한다. 그럴 때는 가구의 배치나 장식으로 비보할 수도 있다. 옛날에는 장롱이 안방의 가장 핵심적인 위치에 들어갔다. 그러나 침대가 들어오면서 그 자리는 침대가 들어가

▲ 건물을 뒤로 배치하고, 전면에 정원을 두었다. 정원 좌우에는 관상용 소나무를 심었고, 철 따라 피는 화초가 정원을 화사하게 한다.

야 할 곳으로 바뀌었다.

　장롱이나 옷장은 대부분 붙박이로 벽 쪽으로 들어가거나 별도의 방으로 정리되었다. 그런데도 침대를 출입구와 대각선으로 두기가 어려운 경우가 발생한다. 이런 경우는 출입구의 충살을 받지 않도록 비보가 요구된다. 침대의 머리가 출입구나 화장실 문과 직충되지 않도록 피하고, 출입구 옆이나 화장실 문 옆이 불가피할 할 때는 가구로 완충지대를 주어야 한다.

　본 주택도 3면이 벽이고 1면이 창인데 전방의 전망을 확보하다 보니 침대 머리가 출입구 방향에 둘 수밖에 없었다. 다행히 출입구가 좁게 들어와서 직충은 피했고, 출입구와 침대 사이에 테이블을 두어 살기를 완충시켰다.

3) 인재 배출의 요람, 대학교 풍수

대학은 인재 배출의 요람이다. 서울에 있는 4대 대학을 동시에 돌아보고, 대학이 위치한 곳이 어떤 풍수적 공통점이 있는지 주산(主山)을 중심으로 알아보았다.

우리나라는 국토는 작고 부존자원이 적은 나라라고 교육받아왔다. 그러나 국토가 크고 부존자원이 많은 나라 못지않게 비약적인 발전을 했다. 무엇이 우리나라를 발전으로 이끌었을까? 여러 요인이 있겠지만, 한국인의 교육열과 우수한 인재를 양성하고 있음을 꼽을 수가 있다.

인재는 어떻게 양성되는가. 이 땅에 태어나 말 배우고 자라면서 초등학교와 대학까지 꾸준한 교육을 받는다. 인걸지령(人傑地靈)이라는 말이 있는데 인물은 땅의 힘을 받고 태어나고 자란다는 말이다. 인재의 양성은 무엇보다 중요하다고 생각했고, 우리 부모들은 자녀의 교육에 헌신했다.

초중고, 대학교의 위치를 보면 그 지역의 중심 혈맥을 받는 자리에 먼저 학교가 자리 잡았다. 풍수에서 배산임수(背山臨水)는 핵심 키워드인데 학교가 들어선 곳은 대부분 이 조건을 충족한다. 배산임수는 산을 등지고 물을 마주하는 곳이 풍수적 명당이라고 하는 말이다. 산관인정(山管人丁) 수관재물(水管財物)이라는 말이 있는데 '산에서 인물이 나고, 물에서 재물이 난다'는 의미. 산의 기운을 그리 중요하게 보고 있다.

우리나라는 백두산에서 출발한 용맥이 전국 방방곡곡으로 뻗어 있고, 학교는 각 고을마다 가장 중심적 위치에 자리 잡고 있다. 우리나라 학교 교가에는 대부분 어느 산천의 정기를 받고 있는지를 담고 있다. 나는 백두대간 단양 산촌에서 태어났다. 해발 600~700m의 고산 마을이다. "산천도 아름다운 도솔 기슭에~"로 시작되는 초등학교 교가는 백두대간 도솔산의 정기를 받음을 매일 노래했다. 중학교 교가도 "계명산 둘러 돌아 남산 기슭에~"로 시작한다. 도시에 있는 학교는 같은 산의 정기를 사용한다. 충주에 있는 학교는 계명산의 정기, 청주에 있는 학교는 우암산의 정기와 연결하고 있다. 우리나라 최고의 학부인 서울대는 관악산 아래에 있는데 관악산의 정기를 받아 최고의 인재들이 모여들고 인재가 양성된다.

관악산(冠岳山)의 정기, 서울대학교

관악산(692m)은 경기 5악 중 하나로 높이가 가장 낮은 산이나 산세의 모양이나 힘은 다른 산에 못지않고 많은 사람이 즐겨 찾아오는 산이다. 봉우리마다 태극기 봉이 있고, 온갖 모양의 기암절벽이 즐비하다.

관악산은 백두산에서 출발한 백두대간이 속리산에서 방향을 틀어 한남금북정맥, 한남정맥으로 북진하며 올라와 한강을 만나며 마무리된다. 서울대는 관악산 연주봉에서 뻗어 내린 지맥이 서북쪽으로 봉우리를 여러 차례 기봉하면서 탈살한다. 그리고 그 중심 용맥이 교수회관, 중앙도서관, 본관으로 이어진다. 가장 핵심적인 위치에 주요기관이 들어섰다.

관악산은 산정(山頂)의 모습이 갓의 모습이라 '갓 관(冠)' 자를 써서 관악산이라 했다. 갓은 벼슬을 상징하니 서울대는 수많은 벼슬 인재를 배출함을 암시한다. 관악산은 남동쪽에 위치하고 서북쪽으로 산맥

▲ 서울대 교문
▶ 서울대는 관악산의 산세대로 건물을 앉혀 관악산의 정기를 제대로 받고 있다.

이 내려온다. 주요 기관들이 산을 등지고 자연의 순리대로 서북향을 했다. 남향을 하지 않고 산세대로 건물을 앉혔으니 관악산의 정기를 제대로 받고 있다.

또 교문은 물이 모이는 가장 낮은 곳에 위치하고 수구(水口)가 관쇄되어 기운이 빠져나가지 않고 잘 응집된다. 정문으로 산과 물이 모여들고 도로도 합류하니 배산임수, 전저후고, 전착후관 등 풍수의 3대 요건을 제대로 갖추었다. 최근에 개통한 강남 순환 도시고속도로(지하도로)가 정문 앞과 연결되고 지하철 신림선도 정문 앞 관악산역까지 들어오니 더욱 많은 인재가 모여들 것이다.

조선시대 왕궁 후보지, 연세대학교

연세대는 안산(鞍山) 아래에 자리 잡았다. 안산은 한북정맥이 도봉

▲ 연세대 본관
▶ 연세대학교의 상징인 독수리
고려대학교 호랑이를 제압하기 위해
독수리를 상징으로 하였다.

산, 북한산, 북악산, 인왕산을 거쳐 두 봉우리가 솟았는데 마치 그 봉우리의 모습이 말안장 같다 하여 '안장 안(鞍)' 자를 써서 안산이라 했다. 조선을 개국한 이성계는 조선의 도읍지 후보지를 검토했는데, 계룡산 아래 신도안, 안산 아래 무악, 북악산 아래 한양이 3대 후보지였다. 무악은 모악(母岳), 어머니 같은 산인데 130여 년 전 연세대는 이곳에 터를 잡았다.

  안산은 무악재를 지나 바위산이 솟았는데 연대 쪽으로 내려오면서 토산으로 탈살되고 신촌 일대에서 혈장을 맺는다. 신촌 일대를 크게 보면 서쪽 백호쪽 언덕 넘어 홍제천이 흘러 한강을 만나고, 동쪽인 청룡쪽으로는 이화동산을 지나 와우산으로 연결되며, 한강을 만나서는 가운데로 밤섬과 여의도가 마주하니 최고의 국세를 이루었다. 이러한 국세 안에 대학이 들어섰으니 연세대와 이화여대는 최고의 명당에 자리했다. 조선시대 사도세자의 어머니 묘 수경원이 이곳에 있었고, 수경원이 옮겨간 자리에는 채플관이 들어섰으며 100주년 기념관, 연세의료원 등이 그 주변에 있다. 학교 전면에는 성산로가 둥글게 궁수로 환포하고, 경의중앙선과 2호선 전철도 연대 앞을 막아주니 안산의 정기가 온전히 머무른다.

사회과학대가 있는 곳은 캠퍼스의 중심으로 좌우의 청룡·백호가 가까이에서 감싸주는데, 이 건물의 연구실에서는 2명의 교육부장관과 1명의 총장이 나왔다 하여 최고의 건물로 일컬어진다. 연고전을 치르면서 고려대의 호랑이를 제압하기 위해 독수리를 상징으로 했는데, 연세대에서 바라본 안산은 가운데가 볼록 솟아 말 등이라기보다 새의 형상, 독수리상이었다. 하늘의 제왕 독수리, 땅의 제왕 호랑이 누가 이길 것인가?

개운산의 정기, 고려대학교

한양의 동쪽 고려대학교는 개운산 아래 자리 잡았다. 개운산(開運山)은 고종이 어렸을 적에 이곳 사찰에서 지냈는데 조선의 왕이 되자 '나라의 운을 연 곳'이라 하여 절의 이름을 개운사라고 하고, 산의 이름도 개운산이라 불렀다. 개운산은 도봉산에서 이어진 산맥이 시루봉을 지나 미아리고개를 넘어 고려대에서 작은 봉우리로 솟구쳤다. 이곳을 주목한 인촌 김성수는 1932년 보성전문학교를 인수하여 1934년 건물을 짓고 이곳으로 캠퍼스를 이전했다.

대학 본관이 위치한 곳은 캠퍼스의 중심으로 개운산을 배산으로 좌우에 청룡·백호가 긴밀하게 포진하며 전면으로는 명당이 확보되고, 지하철 6호선과 안암로, 정릉천과 내부순환로가 횡류하며 멀리 고층아

고려대 본관 ▲
삼성이 지은 ▶
고려대 100주년 기념관

파트가 들어서서 안산 역할을 담당한다. 본관 좌측 끝자락에 개교 100주년을 맞아 삼성에서 기념관을 지었다. 올해로 연대가 138년, 이대가 137년, 고대가 118년, 서울대가 99주년을 맞는다. 여러 기업에서 대학에 건물을 지어 인재를 양성하고 있으니 대학의 발전을 앞당긴다. 백호 능선 끝자락에는 SK에서 건물을 지었다.

고려대 터는 태조 이성계가 자기 무덤의 후보지로 검토했던 곳이고, 정조의 후궁인 원빈 홍씨의 묘, 인명원도 고려대 구내에 있었을 정도로 명당 지역으로 꼽혀왔다.

한양을 중심으로 보면 북악산 아래 중앙에 경복궁, 창덕궁 등 5대 왕궁이 자리 잡았고, 서쪽의 백호에 연세대(1885년)가 먼저 들어섰으니 고려대(1905년)는 동쪽 지역에서 명당을 찾아 청룡 지역에 들어섰다. 풍수에서 좌청룡은 보수적이고 남성이며, 우백호는 재운과 개방적, 여성성이 두드러진다. 이러한 입지적 특성이 교풍에도 그대로 나

3부 풍수지리 활용법을 찾아서　269

타나고 있다.

여인의 형상을 닮은 빛의 계곡, 이화여자대학교

이화여대는 우리나라 대표적인 여자대학으로 1886년 이화학당으로 출발했다. 이화여대는 안산에서 출발한 용맥이 노고산과 와우산으로 내려가는 능선 안쪽에 위치한다. 연세대의 좌청룡이요, 무악 왕궁 후보지 중 하나였다. 본관은 이화동산(梨花童山)의 중심적 위치로 좌우로 청룡·백호 능선이 환포하며 명당을 형성한다.

이대 정문을 들어서면 로터리를 지나 계곡 산맥이 펼쳐지는데 중앙에 대학 본관이 있고, 가운데로 통로와 계곡을 두어 계곡빌딩을 만들었다. 형상으로 보면 자궁혈(Womb Spot)이요, 의미로 보면 인재의 보고, 인재 양성의 산실이다. 계곡빌딩은 6층 지하 건물로 3면의 지하

▶ 일명 빛의 계곡이라 불리는
이화여대 캠퍼스 지하 복합건물

▼ 이화여대 본관

이고 1면은 계곡인데, 시야도 확보되고 채광도 가능하다. 바로 이 건물이 이화여대 캠퍼스 복합건물로 약칭하여 ECC라고 부른다. 일명 '빛의 계곡'이라고도 하며, 좌우의 건물이 청룡·백호의 역할도 한다. 예전에는 지하시설이 통풍되지 않고 햇볕도 들지 않아 기피 대상이었다. 그러나 요즘은 건축기술의 발달로 지하시설이 늘어나고 있다. 고려대를 시작으로 이화여대, 서강대, 연세대 등에 지하 복합공간이 생겼는데 사람들로 붐비는 공간이 되었다.

4대 대학의 풍수적 공통인자

우리나라 4대 대학을 돌아보고 풍수적 공통인자를 뽑아보았다. 4개 대학 모두 산을 의지하고 산의 정기를 받는 곳에 위치했다. 서울대는 관악산의 정기, 연대와 이대는 안산의 정기, 고려대는 개운산의 정기를 받고 있다. 주산으로부터 입수되는 용맥은 살기를 벗고 입수하고 있으며, 넓은 명당을 형성하고 산세대로 건물이 들어섰고, 교문은 낮은 곳에 설치되었다. 수구가 좁게 관쇄되고, 도로와 물들이 모여들어 생기가 갈무리된다.

서울대는 청능산이 안산이 되고 강남순환선, 관악로가 횡류하니 안온한 국세가 되었다. 연대와 이대는 2호선이 횡류하고 좌우로는 노고산과 와우산으로 이어지는 용맥이 감싸안고. 앞으로는 한강과 밤섬, 여의도를 마주하니 아주 커다란 명당형국을 형성했다. 고려대는 개운산을 배산으로 정릉천이 좌에서 우로 횡류하고 성북천과 만나 청계천과 합류하니 물로 둘러싸인 명당형국을 형성한다. 그중의 으뜸은 주산의 정기요, 배산임수, 전저후고, 전착후관 등 풍수의 기본 원리를 충족하니 최고의 인재를 길러내는 인재의 산실이 되고 있다.

⟨4개 대학 특성 비교⟩

	서울대	연세대	고려대	이화여대
설립년도	1924년 (경성제대)	1885년 (광혜원)	1905년 (보성전문)	1886년 (이화학당)
역사	99년	138년	118년	137년
학생수	21,000명	27,000명	27,000명	19,000명
상징물	월계관 (학문적 영예)	독수리 (하늘의 제왕)	호랑이 (땅의 제왕)	배꽃 (우아함)
주산	관악산	안산	개운산	안산
전철역	관악산역 (신림선) 낙성대역(2) 서울대입구역(2)	신촌역(2) 신촌역 (경의중앙선)	고대역(6) 안암역(6)	이대역(2)
도로	관악로	성산로	안암로	신촌로
물길	신림천 도림천	한강 (밤섬, 여의도) 홍제천	정릉천 성북천 청계천	한강 (밤섬, 여의도)
방위	주작	백호	청룡	백호
좌향	서북향	남향	동남향	남향

2. 풍수 단상

1) 귀농·귀촌 집터 정하기

요즘 은퇴 시기를 맞아 귀농 귀촌하는 사람들이 증가하고 있다. 귀농은 도시에서 농촌으로 이주 후 농업을 업으로 삼아 살아가는 것이고, 귀촌은 도시를 떠나 조용한 농촌에서 여유롭게 전원생활을 즐기는 것이다.

얼마 전 시·도·군 각 지방 자치단체와 관련 기업들이 참여하는 귀농귀촌박람회장에 다녀왔다. 귀농·귀촌을 준비하고 있는 많은 사람을 만나 보았다. 도시의 복잡한 생활을 벗어나 조용한 농촌에서 자연과 더불어 살아가는 것을 소원하는 사람들이었다. 도시 사람들이 처음 농촌이나 전원에 들어갈 때 기존 동네에 들어가 마을 사람들과 소통하며 어울려 사는 사람도 있고, 마을 사람들과 떨어져서 살기를 원하는 사람도 있다. 기존에 있던 마을에 들어가 사는 것은 위험도가 적으나 지금까지 사람들이 살지 않은 새로운 터에 집을 짓는 일은 매우 신중해야 한다.

　마을이 형성되는 요건들을 살펴보면 첫째로 입구는 좁고 속은 넓은 전착후관(前窄後寬)이 충족되어야 한다. 마을로 들어가는 입구는 좁으나 안은 넓은 곳이 좋다. 이러한 곳을 다른 측면에서 보면 물이 나가는 수구(水口)가 닫혀 있는 곳을 말한다. 그래야 기운이 빠져나가지 않고 안으로 모이게 된다. 둘째로 뒤에 산이 있고 앞으로는 물이 횡류해야 한다. 이것을 풍수에서 뒤에는 산이 있고 앞에는 물을 만나는 배산임수(背山臨水)라고 한다. 이러한 입지 조건을 갖추고 있는 곳은 오랫동안 마을이 이어져 왔다.

　귀농·귀촌의 적지를 찾는 또 다른 방법은 동네의 이력을 보는 것이다. 옛날에는 농업이 주업이라 농촌 인구가 많았지만, 지금은 정보산업화 사회라 도시로 사람들이 나왔다. 그래서 농촌에는 사람들이 크게 줄었다. 옛날에 오랫동안 많은 사람이 살던 마을, 그런 동네는 풍수적 기본 요건을 구비한 동네이다.

　옛날에 사람들이 오랫동안 살지 않던 곳에 가서 살면 실패 확률이 매우 높다. 사람들이 많이 살던 곳에 가서 살아야 한다. 그중에서도 인물이 많이 난 집, 부자가 살던 집터, 사람들이 많이 모이던 곳, 마을 사람들에게 많이 베풀던 집, 때만 되면 사람들이 모이던 곳 그곳이 명당이다. 대개 씨족 마을이 많은데 마을마다 맨 처음 터를 잡은 사람이나 조상인 입향조(入鄕祖)가 있다. 그 가문이 번창했다면 입향조가 살던 집이 가장 좋다.

　경치가 좋다고 하여 바람 부는 곳에 가서 살거나, 계곡이 좋다고 계곡 옆에 가서 살거나, 동네 사람이 싫다고 외딴곳에 가서 살면 실패하기 쉽다. 이미 그런 곳은 집이 들어서도 오랫동안 버티지 못하고 사라졌다.

　현재 전원생활을 하는 사람들의 의견을 들어보면 전원생활에서 가장 중요한 것은 첫 번째로 부부가 의기투합해야 하고, 두 번째로 이웃과 소통해야 하며, 세 번째로 취미 활동이 있어야 한다고 했다. 이웃과 가족같이 서로 필요한 것을 공유하며 어울리려면 외딴곳에 혼자 사는 것보다 기존 마을에 들어가는 것이 좋다. 또한 귀농·귀촌에 성공하려면 마을의 이력을 잘 살펴보고 살 곳을 선택해야 하는데, 마을의 중심적인 터를 중시해 볼 필요가 있다. 터의 이력이 좋은 곳, 인물이 배출되고 잘 살아왔던 집터를 눈여겨볼 일이다.

2) 출입구가 많은 것이 좋을까, 적은 것이 좋을까

　출입구는 사람들이 들어오고 나가는 곳이요, 좋은 기운이 들어오고 나쁜 기운이 나가는 통로이다. 사무실이나 가게를 운영하는 데 있어 출입구가 많은 것이 좋을까, 적은 것이 좋을까. 풍수에서 양택의 요소 중 산을 등지고 물을 마주한 배산임수(背山臨水), 뒤가 높고 앞이 낮은 전저후고(前低後高), 입구는 좁고 속은 넓은 전착후관(前窄後寬)이라는 말이 있다. 필자가 오늘 방문했던 곳은 전착후관과 관계가 되는 곳이다.
　첫 번째 사례는 주 출입구가 하나인 Y 사무실이다. 3층 빌딩인데 여러 회사가 입주해 있는 꽤 큰 건물이다. 오래되어 매우 낡은 건물이었다. 이곳에서 돈을 번 회사들이 많다고 한다.
　다른 빌딩은 매년 집세를 올려달라고 했으나 몇 년째 집세도 올리지 않고 그대로 받고 있다고 했다. 건물이 낡아서 밖에서 보기에는 매우 허술해 보였지만, 돈 되는 건물이요 여기에 입주한 사람들이 실제 돈을 벌고 있다.
　빌딩의 특징은 주 출입구가 하나밖에 없다는 사실이다. 하나뿐인 출입구를 통해 여러 회사가 드나드는데 오늘 방문했던 회사는 3층 건물의 3층이다. 엘리베이터도 없이 걸어서 올라간다. 출입구는 좁지만, 안에 들어가면 여러 회사가 있고 1층, 2층, 3층을 돌고 돌아 회사로 들어갔다. 이 회사는 여기에 입주한 지 14년째이다. 빌딩은 허름하지만, 돈을 번 장소이기에 여기서 계속 사업을 하고 있었다. 주 출입구가 하나밖에 없는 전형적인 전착후관 건물이다.
　두 번째 사례는 앞에 방문했던 회사 빌딩 바로 앞 J 식당이다. 이 집은 사람들이 많이 들어오는 박리다매 밥상 식당이다. 인근에 학교가 있어 학생들도 많고, 주변 사무실 사람들이 많이 이용하는 식당이다. 이 식당도 앞에 방문했던 회사와 같이 14년 전에 식당을 시작했다. 그동안 유지는 해 왔으나 돈은 벌지 못했다. 같이 14년간 여기서 사업을 했는데 왜 하나는 돈을 많이 벌고, 하나는 돈을 벌지 못했을까. 당연히 업종이 다르니 돈 버는 데 있어 큰 차이가 있겠지만, 풍수적 요인을 살펴보면 이 식당은 출입구를 세 개나 쓰고 있어 생기(生氣)가 흩어진다.

손님들이 들어오기에 좋을 것 같아 식당에 출입구를 세 개나 내었지만, 장사를 해보면 출입구가 많은 게 전혀 도움되지 않는다. 출입구가 많으면 기운이 모이지 못하고 흩어지기 때문에 돈이 많이 들어와도 지출이 많이 발생하게 된다. 출구는 관쇄가 되어야 하고 작아야 좋다. 이렇게 사방으로 뚫려 있으면 기운이 모이지 못하고 빠져나간다. 그런데도 장사하는 사람들은 출입구를 많이 내려고 한다. 실례로 백화점에 가 보면 창문도 없고 출입구도 많지가 않다. 출입구를 찾기 어려울 정도로 돌리고 돌린 매장도 발견하게 된다. 출입구를 많이 가진 식당이나 가게는 돈 벌려면 출입구부터 줄여보면 어떨까.

3) 고일촌위산 저일촌위수(高一寸爲山 低一寸爲水)의 풍수지리

코엑스에서 귀농귀촌박람회가 있어 풍수 상담을 하게 되었다. 어떤 곳에 집을 지어야 하는지를 생각해 보는 좋은 시간이 되었다. 풍수는 바람과 물의 작용이요, 생기(生氣)가 모이는 곳을 찾는 학문이다. 생기는 한 치가 높은 곳으로 흐르며, 한 치가 낮은 물을 만나면 한 치가 높은 곳으로 방향을 틀거나 멈추게 된다.

풍수에서 생기가 모이는 곳의 조건으로 태정순강고저(胎正順强高低)로 압축하고 있다. 태(胎)라 함은 땅이 두툼하고 살이 쪄서 풍만하고 둥글고 평탄한 곳이며, 정(正)이라 함은 좌우가 바른 것이요, 순(順)이라 함은 주변의 형세와 자연스럽게 감싸며 어울림이요, 강(强)이라 함은 토질이 단단함이다. 고(高)는 한 치가 높은 곳이요, 저(低)라 함은 한 치가 낮은 곳으로 주변을 산이나 언덕 건물 등이 둘러주고 있어 바람을 막아줌이다. 그런 곳이 생기가 머무르고 흩어지지 않는다고 보고 있다. 사람이 생활하는 공간인 양택에서 중요한 것은 한 치가 높은 곳을 찾는 것이다. 한 치가 높은 곳으로 생기가 흐르며 용맥은 물을 만나면 멎기 때문이다. 꺼진 땅은 생기가 약하다.

현대그룹 창업자 정주영 회장은 평소에 임원들에게 집을 지을 때 도로에서 한 발짝이라도 높은 곳에 집을 지으라 했다고 한다. 오랜 경험을 통해 한 치가 높은 곳, 즉 도로보다 높은 곳이 낮은 곳보다 좋은 곳임을 터득한 것이다. 삼성 이병철 회장은 땅을 볼 때 높낮이가 없는 땅은 관심을 두지 않았다고 한다. 땅은 높낮이가 있어야 생기가 흐르고, 생기가 흐르는 곳에 주택이나 건물이 있어야 생기를 받기 때문이다.

코엑스 귀농귀촌박람회장에 한 젊은 여성이 찾아왔다. 푹 꺼진 땅에 집을 새로 지었다. 습하고 잠이 잘 오지 않는다고 했다. 새로 지은 집터에서 한 치가 높은 곳은 양지바르고, 그곳에 가면 아주 편안하다고 했다. 그 여성의 아버지는 1층이 습하면 2층에 거주하라고 하지만, 거기도 마찬가지라고 했다. 꺼진 땅은 생기가 없으며, 물의 침범이 염려되는 곳이다. 물이 침범할 수 없는 한 치가 높은 곳에 생기는 응집된다. 수맥이 있는 곳은 층고가 높아도 수맥의 영향을 받는다.

서울 회현동에 가면 남산 아래 동래 정씨 400년 세거지가 있다. 주변에 한 치가 높은 곳과 한 치가 낮은 곳에 빌딩이 있다. 한 치가 높은 곳에 위치한 백화점은 우리나라에서 대표적인 백화점에 속하고 한 치가 낮은 계곡에 위치한 빌딩은 어느 업종이 들어가도 고전을 면치 못하는 것을 현장 사례로 확인할 수 있다. 백 년 이상을 유지해온 고택, 천 년 사찰의 대웅전, 왕궁 등이 어떤 곳에 위치하는가를 살펴보면 어느 곳에 집을 지어야 좋은지를 확인할 수가 있다.

산이 있는 산곡 지대에서는 땅의 높낮이가 분명해 어디로 생기가 흐르는지 쉽게 관찰할 수 있지만, 평야 지역인 도시에서는 어느 곳이 높고 낮은지를 보기가 쉽지 않다. 한 치가 높은 곳을 용맥이라고 한다. 평지에서 한 치가 높은 용맥을 찾는 방법은 좌우로 물이 흐르면 가운데가 용맥이 있다고 보며, 양쪽으로 흐르던 물이 꺾어져 두 물길이 만나면 그곳이 용맥이 멈추어 생기가 모인다고 본다. 바로 그곳이 용진처(龍盡處)가 되며 생기가 모이는 곳이다. 따라서 도시에 택지를 개발할 때 한 치 낮은 곳으로 도로를 내고, 한 치 높은 곳에 주택이나 건물을 지어야 좋다. 고일촌위산 저일촌위수(高一寸爲山 低一寸爲水), 즉 한 치가 높으면 산이요, 한 치가 낮으면 물로 본다. 한 치가 높은 곳을 주목할 일이다.

4) 담장과 바람

풍수(風水)는 바람과 물이라고 한다. 풍수라는 용어가 장풍득수(藏風得水)에서 왔다고 하는데 장풍득수는 '바람을 감추고 물을 얻는다'는 의미이다. 바람을 감춘다는 이야기는 바람이 없는 것이 아니라 순화된 바람이 생기를 공급함이다. 순화된 바람을 얻기 위해서는 어떻게 해야 하는가. 뒤로 산을 등지고 앞으로 낮은 곳을 향해 내려다보는 자세에서 왼쪽에 청룡의 산이, 오른쪽에 백호의 산이 있어 유정하게 감싸주면 바람이 갈무리되고 생기도 모인다. 바로 이 바람을 갈무리하고 생기를 만들어주는 울타리 역할을 하는 것이 사신사이다.

산이나 언덕 또는 건물들이 있어 사신사의 역할을 해 주어 바람을 갈무리해 주면 좋지만, 사신사가 갖추어지지 않은 평지에서는 담장이 사신사의 역할을 수행한다. 담장은 외부로부터 들어오는 먼지나 바람을 막고, 도둑 등 외부 침입으로부터 집을 안전하게 보호하는 시설이다. 또한 직접 불어오는 바람은 살기(殺氣)가 될 수 있으나 담장을 넘어오는 바람은 순풍(順風)으로 변화한다.

바람 많은 제주나 아산 외암마을에서는 돌담을 쌓아 바람을 갈무리했다. 남해의 충렬사에 가면 이순신 장군을 임시로 모셨던 가묘가 있다. 이곳도 사방으로부터 불어오는 바람을 막기 위해 담장을 쌓았다. 유럽의 중세도시에 가 보아도 성주가 사는 집들은 적으로부터 방어하기 쉬운 높은 지대에 있다. 성벽을 쌓아 사방으로부터 불어오는 바람을 피하고, 적의 공격으로부터 보호를 받았다. 얼마 전 발칸반도의 크로아티아와 슬로베니아의 중세 15개 도시 지역을 탐방했다. 공통적인 특징은 마을 전체를 성벽으로 쌓아 외부로부터 적을 방어하고 바람을 갈무리하고 있었다. 성안에서 담장과 골목을 두어 적으로부터 방어도 하고, 바람을 순화시켰다.

　최근에 마을과 학교에 담장 허물기가 유행처럼 퍼졌다. 담장이 없어지자 사고가 발생해 다시금 담장을 치기 시작했다. 담장이 없으면 답답함이 줄어들고 이웃과의 소통이 쉬울 것 같지만, 오히려 아늑함이 줄어들고 위험에 노출된다. 최근에 교외에 있는 전원주택을 방문한 적이 있다. 담장을 없애고 대신 나무를 심었다. 담장이 없는 집은 마치 황야에 외롭게 서 있는 모양이니 안정된 기(氣)를 얻을 수 없다. 아무리 좋은 지기(地氣)를 받는 집이라 할지라도 기(氣)를 거두지 못하고 흩어지게 된다. 담장이 너무 높으면 통풍이 안 되고, 담장이 너무 낮으면 외부의 바람으로부터 건물을 보호하지 못하고 기(氣)도 가두지 못한다. 또한 담장에 구멍이 뚫리거나 낡아 허물어진 곳이 있으면 기운이 새어나가고 안온함이 사라진다. 담장은 내부의 기를 관장하므로 반듯하면서 원만하고 튼튼해야 좋다.

　주택에서 대문의 위치가 중요한데, 대문은 집으로 생기가 들어오는 공간이다. 그런데 담장이 없다면 대문의 위치가 어디에 있든 큰 의미가 없다. 담장이 있어야 대문을 통해 생기가 집안으로 유입된다. 담장 대신 나무나 화초를 심어 경계를 표시한 것은 담장이 없는 것으로 봐야 한다.

5) 화장과 장법

 화장률이 1994년 20.5%에서 2005년 52.6%로 50%를 넘었는데 2015년에는 80.6%로 사망자 5명 중 4명은 화장하고 있다는 통계가 발표되었다. 화장하는 이유는 매장에 비해 관리하기 쉽고, 깨끗하고 위생적이며, 절차가 간편하고 비용이 적게 발생하기 때문이라고 한다. 그런데 화장한 유골을 어떻게 처리할 것인가는 많은 사람의 관심 사항이다.
 화장 후 유골의 장례 방법에는 매장, 납골당 봉안, 자연장, 산골(散骨) 등 여러 방법이 있다. 어떤 방법을 선택할 것인가는 고민되는 사항이다. 매장은 화장한 유골을 땅속에 묻는 방법이며, 땅속에 묻힌 유골은 결국 흙으로 돌아간다. 납골당 봉안은 건물 형태의 봉안당, 분묘 형태의 봉안묘, 탑 형태의 봉안탑, 벽면 형태의 봉안벽 등으로 나뉜다. 자연장이란 화장한 유골의 뼛가루를 나무나 화초, 잔디 아래에 묻는 장례 방법이다. 나무 밑에 묻으면 수목장, 잔디 밑에 묻으면 잔디장, 꽃 옆에 묻으면 화초장이다. 묘지난에 허덕이던 스위스에서 처음 시작한 후 독일 등 각국으로 빠르게 확산되었고, 우리나라에는 2008년 자연장이 허용된 후 급격히 확장되고 있다. 산골은 바다나 강 또는 조상의 선영에 뿌리거나 공원묘지의 산골장에서 처리한다.
 지난주 잘 아는 지인이 돌아가신 후 화장하게 되었다. 고인의 유언이 화장해서 고향 선영에 뿌려달라 했다고 한다. 어딘가 흔적이 있으면 관리하기에 부담되니 육신은 고향 땅에서 흩어지고, 영혼은 하늘나라로 가는 소망을 담았음이다. 그런데도 한 줌의 재를 고향 땅에 뿌리고 오는 기분이 매우 허전했다.

며칠 전에 지인의 가족이 돌아가셔서 상가에 가게 되었다. 화장하지만, 공원묘원 좋은 곳에 고인을 모시고 싶다고 하여 장지를 선택해 달라고 했다. 공원묘지를 방문하니 몇 곳을 소개해 준다. 첫 번째 후보지는 공원 초입 주차장 뒤 중앙의 가장 낮은 곳이며 성묘하기 좋은 곳이다. 두 번째 후보지는 산 능선이 내려오는 좌측편 경사가 진 곳, 남향의 햇볕이 잘 드는 곳이다. 그리고 마지막으로 찾은 곳은 공원의 중심 용맥이 내려와 저수지를 만나기 전 평평한 곳이다. 이곳이 맘에 들어 사방을 조망해 보니 산수가 조화롭다. 1.3평의 작은 공간이지만, 공원묘원의 평장묘터는 아늑하고 편안했다. 산의 능선을 따라 모셔진 묘들을 살펴보니 유명인사들의 묘가 즐비하다.

무덤이란 사람이 이 땅에 살았다는 증거요, 고인에 대한 추모의 장(場)이다. 점차 화장률이 늘어나 곧 90%를 넘게 될 것이다. 화장한 유골을 어떻게 자연으로 돌아가게 할 것인가. 땅은 모든 것을 받아들이고 중화시킨다. 사람은 흙에서 왔으니 흙으로 돌아가는 것은 자연의 순리다. 제한된 국토에서 매장할 당시에는 많은 면적을 차지하고 산림이 훼손되었다. 그러나 화장한 유골의 처리에는 많은 면적이 필요하지 않다. 화장하더라도 일정 기간 추모의 공간이 필요하다고 본다.

꼭 고향의 선산에 가지 않더라도 후손들이 편히 왕래할 수 있는 도시 근교의 추모공원이면 좋다고 생각한다. 공원묘지, 문중묘지를 재정비하고 새로운 장법에 따라 유골을 모신다면 매장보다 훨씬 더 작은 공간에서도 가능할 것이다. 화장한 유골에 대한 처리가 공원묘지 내 매장, 자연장 등의 형태로 자연으로 쉽게 돌아가는 장법(葬法)이 확산되기를 바란다.

6) 동네의 선택과 풍수적 입지

이사를 하거나 새로운 주거지를 정할 때 어느 동네로 갈 것인가 고민하는 사람들이 많다. 일정한 기준 없이 막연하게 걱정만 하는 경우를 많이 본다. 이사를 하거나 새로운 주거지를 정할 때 첫째로 동네의 선택이 중요하다. 동네마다 기운이 다르고, 사람마다 필요한 기운이 다를 수 있으므로 자기와 잘 맞는 동네의 선택이 필요하다.

시내를 좋아하는 사람도 있고, 교외를 좋아하는 사람도 있다. 당사자와 이야기를 나누다 보면 필요한 기운을 파악할 수 있고, 그에 맞는 동네가 쉽게 파악된다. 동네가 선택되면 다음으로 풍수적 입지가 좋아야 한다. 풍수적 입지는 용혈사수향(龍穴砂水向) 등 여러 요소가 있지만, 어떤 요소를 점검하든 잘사는 동네는 공통인자가 유사하다. 잘사는 동네를 많이 보면 볼수록 풍수적 입지의 기준점이 잡힌다.

국세 안과 국세 밖, 능선 안과 능선 밖, 한 치가 높은 곳과 한 치가 낮은 곳, 바람이 갈무리되는 곳과 바람에 노출된 곳, 유정과 무정, 면(面)과 배(背) 등 현장을 보면 풍수적 잣대로 길함과 흉함을 쉽게 구분할 수 있다. 또한 입지가 좋은 곳인지 나쁜 곳인지 확인하는 방법으로 터의 이력을 점검해 볼 수도 있다. 사람이 살고 있는 곳은 이미 수백 년 동안 사람들이 살아오던 곳으로 추적해 보면 터의 이력들이 나온다. 한 주인이 오랫동안 살던 터와 계속 이사를 가거나 주인이 자주 바뀌는 터와는 터의 기운에 있어 분명한 차이가 있다. 부자가 난 집, 인물이 난 집과 계속 경매로 나오거나 흉사가 발생했던 터는 풍수적 입지에서 볼 때 커다란 차이가 난다.

얼마 전 은퇴 후 30여 년 살 집을 건축하는 집을 점검한 적이 있다.

300년 넘게 살던 원주민의 집터와 텃밭을 사들여 집을 건축하고 있는데 명당 중의 명당 요건을 갖춘 곳이었다. 어떻게 이 터를 구했느냐고 하니 오랜 기도 끝에 봉사활동 하는 곳과 가까운 터를 부탁해 두었다고 한다. 마침 터가 나와 가 보니 전 주인이 조상 대대로 300여 년을 살아온 터라고 했다. 주변의 집들은 30여 년 전에 지은 집들인데 이곳은 지금부터 30여 년을 살 집이니 제대로 지어야 하지 않겠느냐며 새로운 공법으로 30여 년 살 집을 짓고 있다. 이런 집들은 30년이 아니라 300년은 이어갈 집으로 보였다.

  농업이 주산업이던 예전에 농촌 지역에 많은 사람이 살았다. 산업화 사회가 진행되면서 도시 지역의 인구가 많아졌다. 은퇴 후 다시 고향을 찾거나 농촌 지역을 찾아 귀농·귀촌하는 사람들도 늘어나고 있다.

  한 달여간 뉴질랜드를 여행하면서 은퇴자들이 살고 있는 곳을 찾아 민박을 했다. 북섬에 살다가 인심 좋은 남섬으로 이사 온 노부부 집에 들렀다. 자연과 더불어 조용하게 살아가는 것이 아주 좋다고 한다. 외딴 농촌 주택에 들렀는데 노부부가 커다란 정원이 있는 곳에 살다가 나이가 들어 더 이상 관리하기 힘들어 매물로 내놓았는데 젊은 부부가 이곳에 들어와 1년간 정원을 가꾸었다고 한다. 그 후 아름다운 정원이 갖추어진 농촌 주택으로 바뀌었다며 행복해했다.

  신도시가 생기면서 구도시가 공동화되고, 농촌 주택이 비워지거나 사라지고 있다. 사람들이 오랫동안 살았던 이력이 있는 주택을 눈여겨보자.

7) 물이 모여드는 저지대의 풍수지리

풍수는 바람과 물의 작용이다. 고지대에서는 바람을 중시하고, 저지대에서는 물을 중시하라고 했다. 고지대에서는 산으로 둘러싸여 있고 넓은 평양지가 펼쳐지면 사람이 살만한 곳이요, 저지대인 평양지에서는 물길이 감싸 돌고 물이 모이는 곳이 사람이 살만한 곳이다.

중국의 상해와 항주를 다녀왔다. 중국의 제1의 경제도시 상해는 장강이 끝나는 저지대에 위치한다. 상해에서 항주까지 끝없이 펼쳐지는 평지 벌판을 달리다 산이 나타나면 항주에 다다른다. 항주는 중국 7대 고도 중의 하나이며 북경에서 항주까지 1,800km의 수로, 즉 운하가 연결된 곳이다. 항주의 서호는 중국 36개의 서호 중 경관이 으뜸 되는 곳이다. 송나라 시대부터 수백 년간 황제들의 휴양지다. 3면이 산으로 둘러싸였고 1면이 도시와 접해 있다. 사방에서 물들이 모여든다. 항주의 서호는 중국 10대 명승지로 꼽힐 만큼 아름다운 곳이다.

중국 상해는 고지대가 거의 없는 저지대 평지이다. 상해의 포동, 현지 발음으로는 푸동 지구에 가면 황포강을 사이에 두고 포서와 포동이 마주한다. 포서는 황포강의 서쪽이라 하여 포서라고 하며 예전에 이곳이 발달했다. 최근에 강물이 감싸주는 동쪽의 포동지구에 수많은 고층빌딩을 건축해 마천루가 군(群)을 이루며 중국 제1의 경제도시가 되었다. 황포강이 포동지구의 3면을 감싸주고 사방에서 물이 모여드는 곳으로 황포강은 밀물과 썰물의 영향을 받아 물이 나가기도 하고 들어오기도 하니 물의 흐름이 조용하다. 세계의 주요 고층건물들도 대부분 물이 모여드는 저지대에 위치한다.

명나라 시대에 세워진 상해의 예원은 가운데에 연못을 두고 다리를

9번이나 꺾어서 어디서든 아름다운 풍경을 볼 수 있도록 조성했다. 풍수적으로 보면 낮은 저지대에 위치하고, 물을 중심으로 길과 다리에도 변화를 주었다. 600여 년이 지난 지금도 많은 사람이 모여 명청 시대의 옛 거리를 즐긴다.

청주는 올여름 집중호우로 무심천변이 범람해 수해가 발생했다. 삽시간에 집중호우로 피해가 커졌다. 예전에 비가 오면 강변의 저지대는 물 피해가 크게 일어났다. 상습적으로 폭우 시 범람하는 곳은 대비가 필요하다. 저수지의 조성, 지하 물탱크의 조성 등 수해 예방책이 있어야 한다. 일본 동경의 지하 공간이 유사시 물을 가둘 수 있는 물탱크이고, 서울의 광화문, 강남역, 사당역 등 저지대에도 지하 물탱크가 설치되었다.

저지대는 집중 폭우 시 비 피해가 염려되는 데도 재래시장, 상업 시설 등을 보면 저지대로 몰려든다. 저지대로 물이 모여들고 사람들이 모여들기 때문이다. 시장이 들어서는 곳, 유통시설이 있는 곳은 대부분 저지대이다. 고지대에 있던 것들은 대부분 사라졌다. 물이 모여드는 곳에 시장이 서고 유통시장이 들어오며 상업 시설이 들어선다. 지대가 높은 곳에는 시장을 열거나 유통시설을 구축해도 사람들이 모여들지 않는다. 풍수에서 물은 재물이다. 부자가 되려거든 물이 모여드는 낮은 곳으로 가야 한다. 낮은 곳으로 가되 한 치가 높은 곳, 이것을 유념해야 할 것이다.